로컬 지향의 지역문화운동

로컬 지향의 지역문화운동

초판 1쇄 발행 • 2019년 3월 25일

엮은이 • 경기도문화원연합회
펴낸이 • 황규관

펴낸곳 • 도서출판 삶창
출판등록 • 2010년 11월 30일 제2010-000168호
주소 • 04149 서울시 마포구 대흥로 84-6, 302호
전화 • 02-848-3097
팩스 • 02-848-3094

디자인 • 정하연
종이 • 대현지류
인쇄제책 • 스크린그래픽

ⓒ고영직 외, 2019
ISBN 978-89-6655-109-5 03300

로컬
지향의 지역문화운동

지역문화원의 새로운 변화를 위하여

경기도문화원연합회 엮음

삶창

치열하게 토론하고 싶었습니다. 주관적, 편협한 주장으로 고집부리는 것 같은 모양이 아닌, 합리적이고 객관적인 다양한 시각의 주장을 듣고 싶었습니다. 어떤 사안에 대해서 지방문화원은 이렇게 생각하고 있고, 모두 다 그런 방향을 가기 위해 노력하고 있다는 것을 보여주고 싶었습니다.

1년 동안 모여 나눈 얘기를 모두 녹취해 정리, 윤색한 이 책을 통해 한 가지 사실을 발견하게 되었습니다. 그것은 지방문화원에서 항상 똑같은 얘기를 해 왔다는 것입니다. '조직 안정'과 '법적, 제도적 개선'에 관한 똑같은 말들이 다른 언어로 매번 이야기되고 있었습니다. 지방문화원의 현안과 발전 방향에 관련한 토론회 등에서도 마찬가지였습니다. 지방문화원의 현안은 두 가지밖에 없을까 고민했습니다.

그리고 선언했습니다. "이제부터 했던 얘기를 되풀이 하지 말자. 그러나 잊지는 말자"고 말이죠. 지방문화원이 근본적으로 고민하고 해결해야 할 과제에 대한 다양한 논리를 담아내고자 노력했습니다. 이것이 일반적인 '문화 소식지'와는 다른 기획이어야 했던 이유입니다.

지방문화원은 지역의 문화를 선도하는 중심이라는 말을 많이 합니다. 그러나 문화원이 '무엇'을 하는 곳인지 아직도 설명해야 합니다.

우리는 '무엇이 문제일까' 그 답을 찾고자 지난 1년간 지방문화원을 향해 많은 질문을 던졌습니다. 그에 대한 답을 듣고자 했고 그 결과를 한 권의 책으로 엮었습니다. 모두가 '지방문화원 위기다'는 말을 하지만 그것을 극복하기 위한 솔루션은 저마다 다릅니다. '저널'이라는 구조를 통해 지방문화원의 현안에 대해 연합회 차원의 답을 제시하려고 하지 않았습니다. 다만 합의의 장(場)을 마련하고 싶었습니다.

그것이 연합회에서 해야 하는 일이기 때문입니다.

2018년 12월

경기도문화원연합회장 **염상덕**

로컬 지향의
문화원을
위하여

"우리는, 문화원은,

지역을 누구의 눈으로 보고 있으며,

지역에서 일한다는 것이 지닌 의미에 대해

어떻게 생각하는가 고민이 필요한 것은 당연하다.

문화원의 활동이 단순히 기능주의자가 아니라

의미생산자가 되어야 한다는 것은 말할 나위 없다.

역설적인 말이지만,

지역의 문화원은 진정한 의미에서

'로컬 지향'으로의 전환과 변신을 위한

사유와 행동이 어느 때보다 필요하다.

'나부터' 고민하고, '더불어' 고민을 공유하며

실천하자."

고영직, 「로컬 지향의 문화원을 위하여」 중

로컬 지향의
문화원을 위하여

········ 고영직 문학평론가

지역은 당신의 캔버스가 아니다

'지역은 당신의 캔버스가 아니다.' 수년 전부터 나는 이 말을 자주 뇌까리곤 한다. 지역에서 이루어지는 갖은 형태의 문화예술(교육) 현장 및 활동을 볼 때마다 기획자와 예술가들이 지역을 '캔버스'로 여기는 경향이 적지 않다는 생각을 했기 때문이다.

지역을 캔버스로 생각한다는 것은 무슨 의미인가. 어느 화가가 캔버스에 제 멋대로 붓질을 하면 마치 자신이 그토록 원하던 어떤 '그림(청사진)'이 나올 수 있을 것이라고 간주하는 것처럼 지역에서의 문화예술 기획 및 활동을 그렇게 생각하는 경향을 말한다. 물론 이것은 애초 문화기획자 및 예술(교육)가들이 원했던 그림은 아니었을 것이다. 지금의 지원 사업 구조가 지역에 대한 그런 위계화된 시선을 내면화하도록 재촉한 측면이 분명 없지 않다. 문제는 지역의 회복력이란 하루아침에 복원되는 성질의 것이 아니라는 점이다.

당신이 사는 지역은 자기 회복력이 있다고 말할 수 있는가. 자본주의만 살아남고, 사회적인 것(the social)이 죽어버린 사회에서 어느 누가 지역의 회복력을 자신할 수 있을까. 작고한 철학자 미셸 푸코(Michel Foucault)가 1975~1976년 콜레주 드 프랑스 강의에서 "사회를 보호해야 한다"고 한 사회문화적 맥락을 생각해보아야 한다. 그렇다, 우리는 사회를 보호해야 한다. 그러나 사회를 보호하기 위해 필요한 것은 환원주의자의 과학도 아니고, 결정주의사의 경제학도 아니다. 로컬 지향의 상상력과 공유인 되기의 실천이 요구된다. 이는 서로 얼굴을 대하고 사는 범위 내에서 평범한 삶을 누리며 작지만 의미 있는 공헌을 하는 것을 의미한다. 소비와 소유 형태가 다양해지면서 '물질'에 대한 집착과 욕구는 옅어졌고, 소비 형태는 물질에서 '일'이나 '관계'로 변한 최근의 사회문화적 맥락을 제대로 읽어내 문화적 기획과 예술적 활동을 실천해야 한다.

국가에서 지역으로 : 방법으로서의 지역학

일본 오사카시립대학 대학원 창조도시연구과 마쓰나가 게이코(松永桂子) 준교수가 돈보다는 시간을 선택한 일본 젊은이들의

12

최근 행태를 분석하며 '1인 다양성'을 주목하자고 제안한 것은 '국가에서 지역으로' 패러다임이 전환되는 시대의 문화예술 활동 측면에서 참조할 점이 적지 않다. 다시 말해 지역의 가능성은 중앙정부의 정치나 지자체의 정책으로만 만들어지는 것이 아니라 목적을 가진 교류의 장에서 만들어진다는 것이다. 마쓰나가 게이코 준교수가 "거기에 무엇이 있는가가 아닌, 그곳에 어떤 사람이 있는가의 문제"라고 말한 것도 그런 뜻일 것이다.

이에 따라 지역을 재발견하려는 새로운 눈이 필요하다. 지금까지 지역은 '지방(地方)'으로 폄하되었다. 이것은 지역 혹은 지방이 국가 혹은 중앙의 시각으로만 이해되었고, 국가 중심의 발전 전략에서만 이해되었다는 것을 의미한다. 이제는 이러한 시각에서 과감히 벗어나야 한다. 그리고 지역의 관점에서 지역을 연구하는 방법으로서 '지역학'의 관점을 도입해야 마땅하다. 그러나 현실은 어떠한가. 특히 지역 문화원의 경우 자기 지역을 이해하는 관점이 이른바 향토주의에 머물러 있다는 비판에서 자유로운 것은 아니다. 고장과 향토에 대한 애착이 그 자체로 나쁜 것은 물론 아니다. 문제는 향토주의는 자기 지역 중심적인 시각에서 벗어나지 못하는 한계를 지닌다는 점이다. 향토주의라는 협의로부터 자유롭지 못한 지방이라는 말의 오염 실태를 보라.

'부산학 전도사'를 자임하는 한국해양대 구모룡 교수는 「부산학, 현재와 미래를 잇는 대화」에서 지방이라는 말은 중앙/지방, 서울/지방이라는 이분법적 종속 구조를 내포하기 때문에 가치중립적인 '지역'이라는 용어를 선택해야 한다고 주장한다. 그리고

13

향토학이 아니라 '방법으로서 지역학'으로의 전회(轉回)가 필요하다고 역설한다. "향토학을 지방주의라고 한다면, 지역학은 비판적 지방주의라고 할 수 있습니다. 비판적 지방주의는 자기를 비판적으로 인식하려는 태도를 견지하면서 지역의 창의적인 미래를 상상하고 실천하려 합니다." 방법으로서의 지역학을 주장하는 구모룡 교수의 언급은 서울이라는 일극(一極) 집중에서 벗어나고, 지역의 내재적인 발전을 꾀하자는 지역분권과 문화자치가 어느 때보다 강조되는 시절에 깊이 유념해야 할 시각이라고 할 수 있다.

이 말은 영국 시인 알렉산더 포프(Alexander Pope, 1688~1744)가 어느 시에서 "만사에 대해 그 고장의 신령에게 물어보라(Consult the genius of the place in all)"라고 한 표현과도 일맥상통한다고 감히 확언할 수 있다. 여기 등장하는 '신령'이라는 말은 주술성의 의미를 강조한 맥락에서가 아니라 지역의 자기결정권을 강조하며 지역의 역량을 스스로 강화하고자 한 언명으로 보아야 옳을 터이다. 지역 주민들이 참여함으로써 주민 주도성을 강조하는 자발적 '문화자치' 공동체의 형성과 강화가 새로운 문화정책의 화두라고 할 때, 우리가 잊어서는 안 되는 명제라고 할 수 있다.

생활인의 시각, 여행자의 눈높이

그러나 현재 우리나라 지방문화원의 경우 지역을 과연 누구의 눈으로 보고 있는가. 국가 혹은 중앙의 시각으로만 지역을 바라보고 있는 것은 아닌가. 우리 지역에는 문화 인프라가 절대 부족하고, 인적자원 또한 절대적으로 결여된 '결핍의 공간'으로 바라보며 유구한 향토주의에 빠져 있는 것이 아닌가. 혹은, 시장(市長) 내지는 시장(市場)의 시선을 철저히 내면화해 '그들만의 리그'에서 각축하며 새롭게 도래한 도시의 세기(世紀)를 이해하는 데 있어서 더없이 중요한 지역의 특이성(singularity)을 간과하고 있는 것은 아닌가 성찰이 요구된다. 한마디로 말해 우리가 사는 지역을 새롭게 이해하려는 근본적인 시선 전환이 요청된다. 이때 필요한 관점과 태도는 예의 마쓰나가 게이코 준교수가 언명했듯이 생활인의 시각과 여행자의 눈높이가 서로 만나는 것이라고 할 수 있다.

생활인의 시각과 여행자의 눈높이라는 말은 지역에서 구현하는 문화예술(교육) 기획 및 프로그램들이 소위 공급자의 시각에서도 벗어나야 하며, 중앙 및 서울에 대한 열등의식에서도 벗어나야 함을 의미한다. 예를 들어 우리는 누구나 안전한 마을에서 살고 싶어 하지만, 그런 안전한 마을은 주민들의 자발적 참여 없이 중앙정부/지방정부에 의해 행정이 투입되고 재정이 집행되는 정책 사업으로 절대 구현되지 않는다. 따라서 지역에서 구현되는 사업을 진행할 때 "지역(마을)은 사람이다"라는 관점으로 전환해야 하고, 그런 관점에서 사람들과 함께 일을 풀어나가야 한다. "지역(마을)은 사람이다"라는 명제는 지역의 결정권은 그 지역에 사는 사람들의 의사가 십분 존중되어야 한다는 말이다. 그 15

리고 사람과 사람 사이의 관계가 발효(醱酵)될 수 있는 인내의 시간과 환대의 공간을 필요로 하며, 그런 관계의 발효는 결국 시간 속에 의미를 넣는 숙성의 과정에서 생성된다는 점을 역설한 것이라고 할 수 있다.

인류학자 데이비드 그래버(David Graeber)는 사물을 바라볼 때는 '낮은 이론가'의 눈으로 바라보아야 한다고 역설한다. 그래야 제대로 보인다는 것이다. 어쩌면 그런 낮은 이론가는 누군가의 사연을 잘 헤아려 '듣는 것'에서부터 시작되는 것인지도 모르겠다. 우리는, 문화원은, 지역을 누구의 눈으로 보고 있으며, 지역에서 일한다는 것이 갖는 의미에 내해 어떻게 생각하는기 고민이 필요하다. 문화원의 활동이 단순히 기능주의자가 아니라 의미 생산자가 되어야 한다는 것은 말할 나위 없다. 역설적인 말이지만, 지역의 문화원은 진정한 의미에서 '로컬 지향'으로의 전환과 변신을 위한 사유와 행동이 어느 때보다 필요하다. '나부터' 고민하고, '더불어' 고민을 공유하며 실천하자.

지역문화 분권 시대에
지방문화원을 고민하다

'문화비전 2030'의 지역문화 정책과
지역의 준비 태세를 논하다

•••• 때

2018년 5월 31일

•••• 곳

시흥시 평생학습센터 2층 카페

•••• 대담자

차재근(문화체육관광부 직속 제2기 지역문화협력위원회 공동위원장)

•••• 패널

고영직(문학평론가)

최영주(경기도문화원연합회 사무처장)

지난 5월 16일 문화체육관광부(이하 '문체부')는 문화예술 정책의 비전과 방향을 담은 '문화비전2030'을 발표했다. 자율성, 다양성, 창의성을 3대 가치로 하여 개인의 자율성 보장, 공동체의 다양성 실현, 사회의 창의성 확산을 3대 방향으로 정했다. 또 지역문화 분권과 지역문화 다양성을 강조하고 있다. 문체부 정책 개발에도 참여한 바 있는 문화체육관광부 산하 지역문화협력위원회 차재근 공동위원장을 모시고 갈수록 지역이 중요해지고, 자치분권이 회자되는 시절에 지역은 어떤 준비가 필요하고, 지역을 바라보는 상투적인 관행에서 문화원은 어떤 변화와 준비가 필요한지 듣고자 한다. **〈편집자 주〉**

최영주   문화원이 중요하게 생각하고 있는 가치 중 하나가 전통문화와 향토문화입니다. 지역의 역사 연구를 바탕으로 문화원이 지역문화의 중심이라고 얘기하고 있는데 지역문화 네트워크와 거버넌스가 논의되는 상황에서 문화원과 문화원연합회는 어떤 역할을 할 수 있을지 위원장님의 의견을 듣고 싶습니다.

차재근   우선 각 연합회는 협회 중심의 운영에서 벗어날 필요가 있다고 생각합니다. 한국문화원연합회도 협회 중심으로 가면서 결국 규격화되고, 문화부 재원을 받아 전국에 공모 사업 형태로 내려보내다 보니 각 문화원 사업이 유사해져버렸습니다. 치명적인 단점이 관성에 갇혀버리는 것이죠. 차별성이 없으니 개별 문화원 입장에서는 사업이 재미없어진 겁니다. 협회가 연대의 역할은 하되, 개별 문화원의 역할이나 미션을 자유롭게 열어놓고 지방문화원이 활동할 수 있도록 지원을 해야 합니다. 꼭 재원의 형태로 지원하는 것이 아니더라도 '느슨한 형태'의 연대 구조를 만들 수 있을 것입니다. 예를 들어 통합 행사를 한다거나, 역량 강화를 한다거나, 문화원의 방향성에 대한 연구를 하는 것이 연합회의 역할일 수 있는데, 마치 정부의 사업 대행사처럼 되어버리면 중앙정부에도 이롭지 않고, 개별 문화원에도 이롭지 않을 것이라고 생각합니다. 연합

18

회가 중앙이란 권력 포지션을 가지면서 재원을 배분하는 형태는 지역분권 시대에 가장 치명적인 것이죠. 이제는 지역분권으로 가고 있기 때문에 문화원연합회의 시스템 역시 지역의 개별 문화원이 살아날 수 있도록 큰 그림을 그려줄 필요가 있습니다.

두 번째로 지역문화원의 강점은 향토사에 대한 기록과 아카이빙 자료인데, 이것은 어느 기관에서도 가질 수 없는 강점이라고 생각합니다. 그 강점이 지금까지는 아카이브와 기록에 머물러 있었지만, 이제는 현재진행형으로 만들 필요가 있습니다. 인문 활동과 연결시킬 수 있는 모든 보고가 사실은 향토학에 있습니다. 이것을 인문 활동의 도구로 제공해주고, 향토문화 자산으로 연결시킨다면 지역문화에 대한 단서가 조금 풀릴 수 있을 것이라고 봅니다. 문화원 사업에 있어서 아쉬운 점이 '활용' 부분입니다. 문화유산도 박물관에 있거나 박제화되면 아무 쓸모없듯이 현재진행형 유산으로 활용해야 합니다. 문화원 역시 수많은 지역문화 자료를 활용할 수 있다면 그것이 바로 문화원이 가장 잘할 수 있는 역할 중 하나가 아닐까 생각합니다.

최영주　박제된 자료들이 현재의 향토문화로 이어지기 위해서는 아직 많은 노력이 필요할 것 같습니다. 문화원의 향토 연구 자료들을 인문 활동과 구체적으로 어떤 방식으로 결합시킬 수 있을까요?

19

차재근　　인문학을 흔히 문사철(文史哲)로 귀결시키는데 문사철은 인문학의 일부일 뿐이고, 인문(人文/人紋)은 결국 문화(文化)와 일치되는 개념입니다. 서양의 관점에서 보면 사람다움, 동양의 관점에서 보면 인간다움을 이야기한다고 생각하거든요. 서양은 기본적인 사유의 대상이 '나와 신(神, God)'이잖아요. 동양적 관점에서는 '사람 인(人)' 자에 '사이 간(間)' 자를 쓰기 때문에 공동체에서의 관계가 인간의 본질이라고 본 것이죠. 결국 인문이라는 것을 넓은 의미에서 보면 단순히 인문학 강의를 듣는 것만이 아니라 인문적 관점을 가지고, 실존적인 행동들이 수반되어야 의미가 있는 것입니다. 그런 측면에서 인문의 몇 가지 요소 중에 나, 우리, 지역공동체, 지역사회, 국가, 인류 등이 있는데 이것과 문화원이 가진 지역의 모든 서사, 인물, 장소, 공간, 역사 등을 인문적 관점으로 끌어오자는 것이죠. 배우는 것도 중요하지만, 문화원이 가진 기록적인 자산들을 인문 활동을 통해 지역에 실존시키는 것, 이런 것들을 문화원이 할 수 있어야 한다고 봅니다.

최영주　　그렇게 전환되어야 하는 당위성은 물론 있는데, 외부에서 보실 때 문화원이 제 역할을 하는 조직이 되기 위해서는 어떤 부분이 필요하다고 생각하시나요?

차재근　　대체로 문화원장의 경우 지역에서 오래 활동하시면서 역량이 있는 분이나 재원을 가지신 분 두 부류인 것 같은데, 지역의 관심이 도움을 줄 수 있다고 봅니다. 문화원이 정말 지역 주민 가까이에 있는 문화시설이라고 생각한다면, 지자체에서 도 역량 있는 사람이 운영할 수 있도록 하는 게 맞는 것 같습니다. 부산의 경우에는 지난 7~8년 전부터 진보적 성향을 가진 친구들이 문화원 사무국장으로 들어가는 경우가 꽤 있었어요. 이 친구들이 성과를 보여주니까 계속해서 문화원의 변화를 만들어갈 수 있었다고 봅니다.

지역문화 정책에서 주목할 점, 지역문화협력위원회

고영직　지역의 중요성이 강조되고 있는데, '문화비전2030'의 경우 지역을 상하 관계가 아니라 수평적 관계로 보자는 것이 중요한 골자로 보입니다. 왜 지역을 중요하게 생각하는 것이며, 이번 정책에서 주요하게 다뤄진 지역문화 관련 정책의 변화라든가 지역에서 주목해서 봐야 할 점은 무엇일까요?

차재근　새 정부의 문화 비전 발표에 실망한 사람도 사실 많습니다. 그 이유는 도종환 문체부 장관이 지역문화가 문화의 전부라고 할 정도로 강조했는데 그만큼의 기대에 못 미친다고 생각해서일 것입니다. 물론 의미 있는 부분은 시행령으로 되어 있던 지역문화협력위원회를 법으로 올려 법적 근거를 마련하기로 했다는 것, 지역마다 지역문화위원회를 구성해서 지역의

21

문화 정책을 수립할 수 있도록 한 것, 지역문화협력위원회도 문체부 산하의 기관장과 각 협회장, 민간위원 4명을 합해 총 12명밖에 안 됐는데 50명 정도로 확대 구성하여 각 지역에서 2명씩 지역문화위원으로 임명할 수 있는 방안이 마련되었습니다. 17개 시·도면 34명 정도로 지역의 파이가 커지는 것이죠. 물론 지역의 추진체를 만들어놓은 것은 의미가 있다고 보는데, 이것은 근본적으로 예술위원회를 독립 기구로 만드는 것을 전제한 것이거든요. 사실 예술을 뺄 경우 전반적인 문화 정책을 어떻게 가져갈 것인가에 대한 고민이 함께 있어야 했습니다.

최영주 새 정부에서 문화 정책 추진단이 만들어지기도 했고, 상당히 고민한 것으로 아는데 그럴 수밖에 없는 이유가 있었을까요?

차재근 전반적인 추진 체계는 지방분권과 연결될 수밖에 없는데 아직 분권안이 최종 확정되지 않은 점도 있을 것이고, 문화부의 위상이나 역할과의 충돌도 있었을 것이라고 봅니다. 사실 지역문화를 전제로 한 독립 기구를 만든다고 해서 문화부의 위상이 축소되는 것은 아닌데…, 그런 부분에서는 조금 아쉽죠.
지역을 바라보는 관점에는 세 가지 개념 혹은 단계가 있다고 봅니다. 하나는 일종의 전통적 관점으로 지역을 보는 '고전적인 지역주의'입니다. 중앙과 변방, 이렇게 이분법적으로 보고 지방은 중앙에 속해 있는 곳이라고 생각하죠. 지역에서는 끊임없이 요구하지만 결국에는 중앙권력에 속해 있는 것이 바로 고전적 지역주의라고 생각합니다. 그 다음 단계가 '변증법적 지역주의'입니다. 비로소 지방을 대신해 지역이라는 용어가 사용되기 시작했죠. 변방이라는 용어보다는 하나의 문화다양성을 가진 지역으로 보지만, 그럼에도 불구하고 중앙정부의 인식이 부족하기 때문에 행정적 추진 체계 자체가 중앙정부로부터 벗어나지 못하고, 끊임없이 투쟁해야만 하는 단계인 거죠.

저는 90년대 후반부터 문학 쪽에서 제기되었던 '비판적 지역주의'에 주목합니다. 지역을 문화다양성을 가진 독립적인 존재로 보는 것입니다. 정책적으로 이제는 실현 가능하다고 봅니다. 중앙을 거치지 않고 지역에서 지역으로, 지역에서 글로벌로 타 지역과 교류할 수 있는 것이죠. '로컬 투 로컬(Local to Local)'의 시대라고 볼 수 있는데 지역 정책도 이 비판적 지역주의에 근거해야 하지 않나 생각하고 있습니다.

고영직 물론 정부가 정책적으로 지원하는 것도 필요한데 지역에서의 준비도 필요한 것 같습니다. 현실적으로 '로컬 투 로컬' 원칙이 발현되기에는 지역에서 아직 그럴 만한 여건이 안된 것 같기도 하고요. 문화원도 당장 인력 문제가 걸려 있습니다.

23

차재근　개별 문화원이나 또는 문화원이 아니더라도 지금까지 해 왔던 성과 중에 틀림없이 글로컬(Glocal)[1] 개념의 사례가 있을 것입니다. 거기에 인문적 가치를 투여해주는 것이 필요한 것이죠. 우리는 보통 다른 지역의 사례연구를 많이 하는데 연구가 사례를 낳는 것은 아닙니다. 자기 사례를 연구하는 것이 중요하죠. 시역이 가진 주목할 만한 사례를 발견하고 연구하는 것이 중요합니다. 예를 들어 함양의 서책박물관에 대장경을 복원하시는 분이 계십니다. 조그마한 사립박물관인데 이 역할이 대단합니다. 유럽에서도 중앙정부나 지자체를 통해 연락하는 것이 아니고, 박물관으로 바로 연락을 합니다. 이런 사례와 성과에 대해 가치 부여를 해주고 확산시켜주는 것, 이런 구체적인 행동이 뒷받침되어야 합니다.

지역문화 분권의 실효성과 지역이 준비해야 할 점

최영주　현재 정부가 추진하고 있는 이런 문화 정책을 통해 향후 어떤 변화가 일어날지 예상되는 지점이 있으신가요?

차재근　현재로서는 비전 자체만 놓고 보면 표현의 자유가 보장

1　글로벌(global)과 로컬(local)에서 유래하는 조어(造語). 지역이 국가를 대신하여 독자적으로 세계화가 가능한 움직임.

된다는 것 말고는 아직 새로운 플랜이 없습니다. 지금까지 해온 것들을 재배치한 것인데 그런 부분에 대해서 우호적으로 본다면 중앙정부가 구체적인 플랜을 담기보단 지역에서 만들어갈 것을 기대하는 것이라고 볼 수도 있겠지요. 그럼에도 불구하고 주요 정책 사업의 '재구조화'는 필요합니다. 문화예술교육, 생활문화, 지역문화, 인문 영역들이 거의 겹치고 또 차별성이 없죠. 이젠 통합 문화이용권이나 지역 순회 문화 향유 등의 지원 사업까지도 한 테이블에 놓고, 혼란스러운 것은 정리하고 중복되는 것은 재구조화해야 지역에서도 그에 맞는 대비를 할 수 있을 것이라고 생각합니다.

최영주 지역협의체의 역할이 중요해질 것 같은데 중앙정부에서는 지역이 협의체를 통해 주도적으로 원칙을 세워나가고 운영될 것이라는 믿음 같은 것들이 있나요?

차재근 지역문화협력위원회가 지역별로 구성된다면 중앙에서 예술위원회가 분리되었기 때문에 지역에서도 예술의 파이는 따로 떨어져 나오게 되지 않을까 합니다. 장단점은 분명 있을 겁니다. 개인적으로는 함께 가야 한다고 생각합니다. 문화의 영역에서 예술이 함께 다루어져야 합니다. 정부에서 지역문화협력위원회를 지역별로 만드는 것을 법제화하도록 TF(Task Force)팀을 만들고, 지역문화진흥법을 개정한다고 하니 그 점은 신뢰할 수 있을 것 같습니다. 다만, 지역 차원에서 중앙정

25

부에 요구하면서 같이 가줘야 하는 것이 '예산' 부분입니다. 지역 참여의 핵심은 예산이라고 보는데, 지역에서 정책 사업을 설계하고, 지역이 설계한 정책 사업에 대한 예산을 중앙에서 지원하는 구조로 가야죠. 시민참여예산제 방식대로 지역이 설계하면 중앙정부가 매칭(matching)하는 방식으로 가야 한다고 생각합니다.

최영주 지역이 주체적으로 움직이게 되면 어쨌든 지역 내의 욕망이 작용할 수도 있을 것 같은데 현재 수준에서 가능할까요?

차재근 문화부의 의지에 달렸다고 봅니다. 분권이 되면서 가장 큰 문화판의 우려는 지자체장의 자질에 따라서 한쪽에 치우치거나 정치적으로 이용되는 것입니다. 그에 대해서는 지역 내부에서 거르는 방법이 있을 것이고, 또 하나는 당분간 문체부에서 내려주되 꼬리표를 달 수도 있어요. 다만 지금처럼 사업 설계까지 다 해주면 안 되고, 예산을 통으로 내려주되 해당 예산에 대한 설계권을 지역에 주는 것이죠.

고영직 이번 '문화비전2030'에서 강조하는 것이 자율성, 다양성, 창의성 세 가지인데 위원장님의 말씀을 들어보면 자율성에 대한 정부의 의지는 드러났지만 다양성은 여전히 부족한 것으로 보입니다. 지역에서는 여전히 아직 해보지 않았기 때문에 중앙정부에 대한 불신이 있는 것 같고, 또 정부에서도 지역을 바라보는 시선이 근본적으로 바뀌지 않은 것 같습니다. 지난한 문제일 수도 있는데 이 협력 체계를 구축하고, 지속성을 갖기 위해서는 인력이 큰 문제잖아요. 문화원에서도 지역 활동가를 양성하는 것이 중요해 보이는데 어떻게 인력에 대한 준비를 해야 할까요?

차재근 쉽지 않은 일인데…. 사실 지역문화 인력을 길러내는 것은 중앙정부나 기관에서 하는 것보다 민간에서 하는 것이 훨씬 더 실효적이고 퀄리티가 높죠. 문화원이 장기적으로 그 역할을 해야 하지만 현재로서는 역량 있는 민간 그룹에 역할과 기능을 줘야 하지 않을까 생각합니다. 왜냐하면 공공이 그 역할을 담당하면 향후 능동적 의지나 협업화에 대한 열정이 부족하지요. 전국의 사례를 보면 민간의 성과가 평가할 만합니다.

최영주 경기도문화원연합회에서도 2017년부터 지역문화 전문 인력 양성 사업을 경기문화재단과 협력해서 진행하고 있습니다. 계속 고민하고 있는 것은 문화관광연구원에서 주최하는 이 사업이 청년 일자리를 만드는 것과 연결되는 느낌이 들었어요. 저는 정부의 청년 일자리 사업과 연결되는 것이 아니라 문화 시민 양성에 초점을 맞춰야 한다고 생각하거든요. 이 부분에 대한 계획도 혹시 있으신가요?

27

차재근   주요 정책 사업의 재구조화는 사실 성찰적 점검이 필요하다는 전제에서 출발합니다. 우리나라 문화예술교육은 사실 초고속 성장의 패턴으로 14년을 맞이했죠. 우선은 공교육에서 예술교육이 정상화될 수 있도록 지원을 해야 하고, 이후에 시민문화예술교육에 대한 자리가 잡힐 것이라고 생각합니다.

고영직   올해 초 한국문화예술교육진흥원에서 문화예술교육 비전을 수립할 때 '삶과 함께하는 문화예술교육'이라는 정책 비전을 제시했습니다. 유아에서 어르신까지 생애주기별 맞춤형 교육을 강조한 것이지요. 그런데 기본적으로 정책에서 무엇을 '추구'하는지 잘 보이지 않습니다. 문화예술교육을 강조할 때도 교육을 통해 어떤 인간상을 만들 것인가가 보여야 한다고 생각합니다.

차재근   사실 초기 문화예술교육 시범 사업부터 정책을 설계할 때는 가치를 중심으로 한 것이 맞습니다. 그러다 사업 중심, 정량적 성과 중심, 인력 사업으로 가다 보니 변질이 된 것이겠죠. 그런 부분에 대해서는 반드시 진단이 필요합니다.
저는 문화예술교육이라는 용어보다 '문화교육'이라는 용어가 맞지 않나 생각합니다. 문화교육으로 해야 인문적 가치의 관점에 더 주목할 수 있다고 봐요. 예술이라는 용어가 들어가면서 개념이 혼란스러워졌다고 볼 수 있죠. 문화·예술·교육이 되어버리니까요. 어차피 예술은 문화 안에 속한 개념이니 문

28

화교육으로 전환하는 게 바람직하지 않을까 합니다.

고영직 예술을 통한 교육이냐, 예술을 위한 교육이냐 고민이 될 때가 있는데 현장에선 더 혼란이 있는 게 사실입니다. 예술(교육)이라는 범주가 문화에 비하면 하위개념이기도 하고, 예술을 통한 교육이어야 하는 것이 맞죠. 생활예술도 마찬가지입니다. 생활예술을 강조하는 흐름도 범주를 너무 작게 설정하고 있습니다. 그런 지점에서 문화교육이 맞다고 봅니다.

사례 공유가 아니라 고민 공유가 중요

고영직 아까 말씀 중에 사례 공유가 아니라 고민에 대한 공유가 필요하다고 말씀하셨는데 그러려면 문화원뿐만 아니라 각자의 사례를 만들어야 하겠지요. 서로의 고민을 공유하려면 어떻게 해야 할까요? 사례라는 말이 너무 오남용되고 있다는 생각이 듭니다. 대부분은 사례를 소비하고 유통하다 폐기하는 데 급급한 것 같아요.

차재근 그런 면에서 개인이든 공동체든 집단화된 공동체 예술이든 각자의 단계 혹은 과정에 주목해야 합니다. 결과물만 따지는 것이 아니라 과정 자체에 주목하는 것이 필요하다고 생각해요. A 동아리와 B 동아리가 특정 시점에 보면 구분이 잘

29

안될 수 있어요. 하지만 시간을 넉넉히 두고 보면 다른 점이 보이거든요.

가령 합창동아리라고 생각했을 때 처음엔 본인들이 좋아서 시작합니다. 조금 지나면 퀄리티를 찾게 돼요. 어느 정도 수준이 되면 다양성, 차별성을 찾습니다. 각 합창단별로 하나의 특색을 갖기 시작하죠. 이느 동아리는 통일, 민족 이런 키워드를 갖기도 하고, 어떤 동아리는 대중가요를 가져오기도 하고요. 즉 자기 차별화를 하기 시작하고, 그 이후에는 이웃과 나누는 활동들을 합니다. 그다음에는 어디로 튈지 몰라요. 작년에 제가 핀란드에서 헬싱키의 한 합창단을 만났어요. 이 팀은 세계 합창올림픽에서도 그랑프리를 차지한 팀인데 일반 시민들로 구성되어 지역에서 필요한 공연을 하거나 직접 음반 제작까지도 합니다. 이 팀이 지금 꿈꾸는 것은 헬싱키 원 도심에 있는 빈집들을 시 정부로부터 지원을 받아 예술학교로 만드는 계획을 세우고 있습니다. 하나의 아마추어 동아리가 과정을 더해가면서 전혀 예상치 못한 방향성을 스스로 발견해나간 사례입니다. 꼭 누가 무엇을 하라고 하지 않아도 스스로 한다는 거죠. 개인도 마찬가지라고 봅니다.

최영주 일정 부분 기간을 두고 지켜봐야 한다는 말씀이신가요?

차재근 전체 과정을 관찰하고 의미 부여를 해줄 필요가 있는 것이죠. 그런 곳이 또한 연구의 대상이 되어야 하는데, 우리는 연구라 하면 주어진 주제나 이미 만들어진 아카이브 자료만 가지고 하잖아요. 그런 부분에서 생애주기별 문화예술교육을 말씀하셨는데 중앙정부의 그런 기조가 있다면 대단히 세밀하게 설계되어야 할 필요가 있어요. 대표적인 예가 2000년에 수립한 프랑스의 문화예술교육 5개년 계획인데, '초등학교 합창단 2000개 만들기'라는 내용이 있습니다. 아주 구체적이죠. 왜냐? 사람의 음감(音感)은 10대 이전에 형성되기 때문이고, 합창이라는 공동체 예술을 통해 나 혼자 잘하면 안 된다는 것, 조화와 양보, 소통 그리고 리더십에 대한 교감 등을 배울 수 있기 때문이죠. 이런 것이 예술을 통한 교육입니다. 예술의 보이지 않는 가치에 주목해야 하는 것이죠. 그런 점에서 생애주기별 교육은 인류학자라든가 전문가의 의견을 들어야 할 필요가 있습니다.

최영주 고민을 공유한다는 차원에서 지역 단위의 문화에 대한 고민들이 이루어지는 구조가 지역문화협의체를 통해 이루어지는 것이 가능할까요? 지역문화진흥법에 의해서 문화재단이 주도적으로 지역문화협의체 구조를 만들어가는 모양새로 보입니다. 재단도 상당히 관료화되어 있다는 느낌을 받는데 광역단체 재단이나 기초단체 재단에서 그 구조를 끌고 갈 수 있다고 보시나요?

차재근 저는 지역문화 추진 체계에서 광역단체 재단이든 기초

단체 재단이든 추진 체계 중 하나일 뿐이라고 생각해요. 일부에서는 광역단체 재단을 지역문화 추진 체계의 핵심 파트너로 삼아 기초단체 재단 등에 내려주는 방식을 생각하는 것 같습니다. 우려가 됩니다. 광역단체 재단, 기초단체 재단, 문화원, 문화의집, 생활문화센터 모두 각자의 역할이 있고, 그것을 동등하게 인식해야 하지 하위개념으로 봐선 안 될 것입니다. 그리고 워낙 많은 사람들이 반대 의견을 피력했기 때문에 아마 문화부에서도 재단 중심으로만 가지는 않을 가능성이 큽니다.

고영직　그렇죠. 그렇게 되면 또 하나의 권력 구조가 생기는 거니까요. 이번 대담에서 가장 다가온 말씀은 '연구가 사례를 만들지 않는다'인 것 같습니다.

최영주　위원장님 말씀을 들으니 현 정부 문화 정책이 아쉬울 수밖에 없는 이유라든가 지역에서 준비해야 할 부분에 대해 정리가 좀 된 것 같습니다. 긴 시간 내주셔서 감사합니다.

지방문화원인가, 지역문화원인가

자치분권 시대 문화원이 나아갈 길

염신규 (사)한국문화정책연구소 소장
인천대학교 겸임교수

'지방'과 '지역'

'지방'과 '지역'은 늘 애매하게 혼동되어 사용되는 용어다. 영어권 단어로는 대략 '로컬(local)'로 표기되는 이 개념어는 사전적으로 따져보면 각각 다음과 같은 뜻을 지니고 있다. 지방의 경우는 "어느 방면의 땅"이라는 한자어의 의미를 그대로 옮긴 뜻과 "서울 이외의 지역"이란 의미를 지닌다. 지역은 "일정하게 구획된 어느 범위의 토지"라는 의미와 "전체 사회를 어떤 특징으로 나눈 일정한 공간 영역"이란 의미를 지니고 있다.

미묘한 차이가 있지만 두 단어 모두 공간적 구분을 위해 사용되는 명사이다. 차이가 있다면 '지방'의 '방(方)'은 방향을 지칭하는 의미를 지니고, '지역'의 '역(域)'은 경계라는 의미가 강하다는

33

것이다. 따라서 여기서 2차적 의미의 차이가 파생된다. 지방은 중심과 상대적인 개념으로 변두리라는 의미가 파생되는 것에 비해, 지역은 중심과 상대적인 개념이 아닌 서로 다른 권역의 경계를 의미할 뿐이다. 오랫동안 도읍(都邑)인 한양을 중심으로 중앙집권적 왕조 국가를 형성했던 조선의 경우 왕을 중심으로 한 지배 세력이 존재하는 도읍지와, 상대적으로 권력에서 소외된 이들이 거주하는 지방 사이에 상호 간 경계와 갈등이 지속되는 역사적 경험을 축적해왔다. 말하자면 지방이란 용어는 공간적 개념의 단어이기도 하지만, 권력적 함의를 담고 있다.

이런 점에서 지역이란 단어가 보다 서구적 개념의 로컬에 가깝다고 할 수 있으며, 지방은 로컬의 개념과는 일치하지 않는 측면이 있다. 한국 사회는 근대 이전에도 그러했지만 일제강점기를 경유하고 맞이한 대한민국이라는 근대 국민국가 체제에서도 강력한 중앙집권 체제를 지속했기 때문에 서울과 그 주변인 경기, 인천 지역을 포함하는 수도권과 상대적인 개념으로 '지방'을 인식해온 역사가 엄존하고 있다.

중앙집중적 구조에서 자치분권의 시대로

압축적 근대화, 산업화를 통해 국가의 근간이 확립되고 한국이 지역의 문제에 대해서 시선을 돌리기 시작한 것은 빨라도 1980년대 이후이다. 물론 그 이전에도 각 지역에 대한 발전 계

34

획을 갖고 있었지만 국가 차원에서 이런 계획들은 대부분 수도 서울을 정점에 둔 수직적 위계구조에서 지방의 자원을 어떻게 활용할 것인가의 차원에 머물고 있었다. 말하자면 지방은 각각의 주체화된 지역으로 인식되기보다는 중앙 혹은 대한민국이란 큰 틀의 권력 구조에 종속된 하위 범주로 취급되었다.

특히 1961년 5·16군사정변 이후 오랜 군사정권은 강력한 중앙집권적 권력 구조를 결코 포기할 수 없었다. 대부분의 후발 국가들의 군부 통치에서 유사하게 나타나는 현상이지만 군부 권력은 기본적으로 군 조직을 중심으로 소수 엘리트가 다수의 국민들을 억압적으로 통치하는 방식을 취하는데 이런 상황에서 권력을 지역과 나눈다는 것은 자신들의 통치 방식에 정면으로 배치되는 것이기 때문이다. 또한 이런 중앙집권적 통치 시스템을 통해 국가 전역의 자원들을 자신들이 계획하는 방식으로 거침 없이 활용할 수 있었다. 지역의 복잡다단한 이해관계를 고려해야 하는 분권적 상황에서는 이런 국가 주도의 전면적 개발 방식은 절대로 불가한 것이다. 개별 지역에 대한 고려 없이 중앙정부 중심의 정책을 강력하게 밀어붙이는 것이 통치의 효율성을 높이는 것이라고 봤고 실제 그것이 고도성장으로 이어졌다.

하지만 문제는 이런 중앙집중적 구조의 압축성장이 국민 개개인의 개별적 삶에 어떤 영향을 미쳤는가에 대한 반성과 성찰이 뒤이어 등장하게 되었다는 것이다. 국가의 성장이 정작 국가를 구성하고 있는 지역이나 개별적 국민들의 삶에 그만한 성과를 가져다주지 못했거나 차등적 삶의 조건을 주었다는 인식이

35

확산되었고, 민주화의 진전과 함께 1990년대 초반부터 우리 사회는 다시 정치적 지방자치제도와 함께 지역분권의 문제를 고민하게 되었다.

이런 측면은 문화에 있어서도 마찬가지로 적용된다. 해방 이후 대한민국의 문화 정책은 주로 국가의 지배 질서를 정당화하는 것에 초점을 맞추고 있었고, 국가 중심의, 중앙정부 주도의 문화 정책으로 일원화되어 있었다. 이런 흐름은 1980년대 초중반까지 지속되었는데 정부는 '민족문화 중흥'이라는 이념 하에 한국 문화라는 단일성의 가치를 중심으로 문화를 사고하며 정책을 입안하고 관리해왔다.

하지만 문화의 개념은 그 자체가 단일성으로 설명될 수 없고, 오히려 적극적으로 그것을 부정하는 지점에서 출발한다는 점에서 이런 국가 주도 문화 정책은 근본적인 모순점을 내재해왔다. 다소 개념적인 설명이지만 문화(文化)가 문명(文明)과 대비되는 지점은 상대적으로 우열이 아닌 차이의 지점에서 설명된다. 문명이 야만에 대한 비교우위를 위해 만들어진 개념으로 발전이나 성장의 측면을 적극적으로 담고 있다면, 문화는 문명과 야만이란 이분법을 벗어나 실존하는 인간 삶의 다양성을 인정하고 각각의 다른 삶의 양식에 대한 인정 속에서 그 차이를 살피고 각각의 자연스러운 변화와 융합을 인정하는 것이다.

이런 점에서 민족문화 중흥이라는 오랜 국가 주도의 문화 정책은 기실 문명론적 측면에서의 접근이라 볼 수 있으며, 문화의 개별성과 다양성과는 다소 거리를 두고 있는 인식인 것이다. 좀 더 구체적으로 살펴보자면 국가 주도의 공급형 문화 정책을 통해 중앙으로부터 국립 규모의 거대 문화시설이 만들어지고, 국립 예술 단체들이 만들어지고, 이를 모사한 시설과 단체, 콘텐츠를 지방에 뿌리는 것이 국가 주도 문화 정책 시대의 한 흐름이었다. 그 결과 각 지역이 갖고 있던 문화적 다양성이 자연스럽게 생태계를 형성하며 지역의 다양한 주체를 문화적으로 연결하고 자생적 저변을 만들어가는 것에는 뚜렷한 한계를 갖게 된 것이다. 즉 지방문화라는 관점은 지역을 국가 주도 중앙문화에 대해 열등한 지위로 사고하게 만들며 중앙에서 생산되는 문화적 생산물을 수혜적으로 향유하거나, 고작해야 중앙문화의 자산이 되는 리소스 이상으로 사고하기 힘들었던 것이다.

1990년대 후반부터 지방문화가 아닌 지역문화로 관점을 옮겨가게 된 것은 중앙의 하위 범주로서 로컬을 인식하는 게 아니라 각각의 문화적 주체로 지역과 사람과 다양한 문화적 활동들을 재인식해야 한다는 필요가 제기되었기 때문이다. 이런 지역문화에 대한 재인식의 흐름은 2001년 '지역문화의 해'를 통해 문화 정책적 목소리로 모여지기 시작했고, 우여곡절을 거쳐 2013년 말 '지역문화진흥법' 제정으로 구체화되었다.

지방문화원에서 지역문화원으로

다소 시대적 풍파가 있긴 했지만 2016년 촛불 정국을 거치며 한국 사회에서 민주주의의 힘은 대세로 자리 잡았다. '문화계 블랙리스트 사태'에서 볼 수 있듯이 문화를 도구적으로 사고하며 통치의 수단으로 악용하려던 흐름은 오히려 권력의 발목을 잡았고 문화는 본래 문화가 있던 자리, 자율성과 다양성이 인정되는 속에서 역동적이고 자율적으로 존재해야 한다는 점도 다시금 입증된 셈이다. 이런 시대적 흐름 속에 다시 문화분권과 자치에 대한 목소리가 높아지고 있다. 지역에 존재하는 다양한 문화적 주체들도 한편으로는 이런 흐름에 부응하며, 또 다른 한편으로는 이런 흐름에 힘을 받아 그야말로 살아 있는 지역문화의 역동성과 활력을 끌어올릴 수 있는 적기를 맞은 것이다.

한국의 문화원은 역사적으로 거슬러 올라가면, 해방 이후 미국공보원 산하에서 활동하던 공보관들이 중심이 되어 지역의 문화 활동을 이끌었던 가장 오래된 지역문화의 주체이다. 문화원이 지역에 기여했던 문화적 활동의 노고는 결코 가볍게 다뤄질 수 없는 것이지만, 한계 역시 되짚어볼 필요가 있다. 여러 가지 측면이 있겠지만 문화원이 그 시작부터 관(官) 주도의 공보 조직에서 연유했기 때문에 관 의존성이 원천적으로 높았으며, 지방문화라는 관점을 스스로 내재해왔다는 점이다. 그래서 흔히 문화원에 대한 비판에서 자생적 기반의 부족을 거론하는 것은 특히 가슴 아픈 현실이다. 하지만 문화원이 한국의 지역문화 기구 중 가장 오랜 전통과 역사를 갖고 있으며 사실상 가장 오랫동안 비록 적은 규모이긴 하지만 지원을 받으며 독점적 지위를 갖고 있었다는 점에서는 현재 지역문화 지형 하에서 문화원의 위상과 역할에 대한 근본적 고민이 시급하게 필요하다.

먼저 필요한 것은 인식의 전환이다. 이제는 지방문화가 아닌 '지역문화'라는 관점에서 문화원의 역할을 찾아야 한다. 특히 문화원의 강점은, 상대적으로 오랜 뿌리를 갖고 있으며 향토문화 진흥이라는 설립 목적에 따라 지역의 문화적 자산을 축적하려는 노력을 지속해왔다는 점인데 이런 향토문화를 어떻게 자원화할 것인가에 대한 적극적 고민이 필요하다. 문화는 고여 있는 것이 아니라 지속적으로 유동하는 것이고 변화하고 융합된다는 점에서 그간에 축적해온 향토문화에 대해 옛것의 보존이라는 수동적이고 방어적 관점이 아니라 우리 지역에서 성장해온 문화적 자산이 다른 지역의 문화적 자산과 어떻게 같으면서 또 다른지, 어떻게 변화해왔으며 변화해갈 것인지에 대해 동태적으로 관찰할 필요가 있다. 그다음 그것을 어떻게 지역민들과 함께 공유할지를 고민해야 한다. 또한 점점 늘어나고 있는 지역의 다양한 문화 주체와 소통하며 각각의 역할을 찾아 협력하는 방안이 모색되어야 한다. 최근 급증하고 있는 지역 문화재단뿐만 아니라 다양한 생활문화시설, 지역 미디어센터 등과 어떻게 협업할 수 있을지 고민해야 한다.

이를 위해서는 무엇보다 문화원이 무엇을 잘할 수 있는 곳인지에 대한 고민이 선행되어야 할 것이다. 문재인 정부가 전국적으로 시행 예정인 다양한 지역재생 사업에서 문화는 굉장히 중요한 역할을 부여받게 될 것으로 예상된다. 해외의 다양한 지역재생의 사례에서도 드러나듯 현대사회에서의 지역재생은 과거의 토목 중심 개발로는 결코 성공할 수 없다. 지역의 문화적 자산과 전통의 맥락을 찾아내고, 그것을 지역의 실질적 이슈와 결합시켜야 '문화적 재생'의 방향을 찾을 수 있다. 여기에 사람과 자원, 조직을 연결시키는 합리적 네트워크를 구축하는 것이 무엇보다 중요하다. 그런 점에서 문화원이 지방문화가 아닌 지역문화의 관섬에서 그간의 징태적 항토문화에 대한 접근에서 벗어나 변화하는 지역문화의 맥락을 찾고 그것으로 사람과 사람을 연결시키는 방법을 찾아낼 수 있다면 문화원 활동의 새로운 활력은 물론 지역문화의 과거와 현재, 미래를 연결하고 세대를 아우르는 선순환적 생태계가 살아날 수 있을 것이다.

지방문화원,
이제 지역문화 플랫폼으로
전환해야 한다

.... 이
랑
문
화
기
획
자

"신발을 만드는 사람은 신는 사람에게 어떻게 신어야 한다고 말
하지 않는다."

2017년 독일의 카셀(Kassel) 〈도큐멘타(Documenta)〉전에서 만난
어느 작가의 작업이 퍽 인상적이다. 평범한 가죽 신발 작품을 파
는 작가가 있었다. 가격은 변동가격으로 모두 세 단계로 세분화
되어 있었다. 구매자의 생활수준에 따라 가격을 정한 것이다. 생
활수준을 알 수 없는 경우 구매자와의 인터뷰를 통해 가격을 정
한다. 그래서 같은 신발(작품)을 저마다 다른 나라에서 다른 일을
하는 다른 생활수준의 사람들이 다른 가격으로 구매한다.
이 작업은 자본주의 시대의 비합리적 가격 구조를 보여주고
있다. 다시 말해 상품은 사용하는 사람의 생활수준에 따라 적정

41

작가 이레나 헤이두크(Irena Haiduk)의 〈Yugoexport〉 프로젝트에서 판
매하는 신발 (사진 출처 : http://thewhynot.de)

1부 로컬 지향의 문화원을 위하여

한 가격을 지불하고 사용할 수 있어야 한다는 것이다. '사람'이 빠진 채 '상품'으로서만 가격이 매겨지는 자본주의를 비판하고자 한 작가의 의도를 알 수 있다. 또 하나 의미를 두자면 이 작품은 구입한 '사람'들에 의해 마침내 작품이 '완성'된다는 점이다.

작가의 말을 들어보자. "나의 작품은 완성되지 않았다. 누군가가 이 신발을 건네받는 순간부터 다양한 작품으로 탄생하기 위한 여정을 시작한다. 이 작품을 신고 자신의 삶의 터전으로 옮겨지는 순간부터 그들이 옮기는 발걸음 하나하나가 이 작품에 새로운 기록이 될 것이다. 때로는 신발장에 가만히 놓여 있겠지만, 그 역시 그 사람의 삶의 기록 중 하나이며, 그 순간을 작품이 기록하고 있는 것이다. 신발이 닳아 신발로서 제 역할을 할 수 없게 되면, 신발과 함께했던 이야기를 써서 나에게 보내면 새로운 신발로 다시 교환된다."

지방문화원의 생존이 위협받고 있다

최근 5년가량 경기도 지방문화원의 사업을 살펴보면 크게 두 종류로 나눌 수 있다. 하나는 향토문화 사업이고, 다른 하나는 생활문화 사업이다. 2~3년간 진행된 문화원 내 토론회 및 각종 심포지엄에서 제기된 문제점을 들여다보면, 향토문화 사업의 경우 재원 부족과 시민의 외면으로 잊혀져가고 있음을 하나같이 토로하고 있고, 전국적으로 활성화되고 있는 생활문화사업은 광역재단 및 기초재단과 생활문화센터의 등장으로 문화원의 생존이 위협받고 있다고 하나같이 말한다.

그러나 과연 기초재단 및 광역재단과 생활문화센터의 등장이 문화원의 생존을 위협하고 있는가? 그리고 향토문화 유적과 문화원의 자료들은 왜 시민이 외면하는가? 향토문화는 그동안 수집, 보존, 연구에 초점이 맞춰진 고여 있는 물과 같았다. '문화원이 지역문화의 중심이 되어야 한다'는 슬로건의 의미를 다시 생각해보아야 한다. 과거 문화원이 지역문화의 중심이 되어야 한다는 의미는 문화원이 지역의 어른으로, 지역문화의 주인공으로, 즉 사업의 주체가 되어야 한다는 것이었다. 그러나 이제는 문화원이 지역문화의 매개자로, 혹은 지역문화 자원을 활용한 올바른 파급과 성장을 위한 징검다리 역할을 하는 진정한 지역의 어른으로서 자리매김해야 한다는 것이었다. 다시 말해 지역의 유관 기관이나 지역 주민들과 적극적으로 네트워크를 형성해 고여 있는 물이 아니라 흐르는 물이 되어야 한다는 것이다.

지역 '사람'들과 연결하라

경기도 문화원들은 현재 가장 큰 문제로 문화원의 인력 부족을 실감하고 있다. 그 해결 방안으로 지역 유관 기관과의 네트워크 형성과 함께 지역의 시민활동가 양성에 초점을 두어야 한다는 의견이 제기되면서 최근 움직임이 달라지고 있다. 문화원을

44

중심으로 지역의 문화적 자산을 발굴, 조사, 정리, 보존, 보급하는 일이 문화원이 해야 하는 당위적 차원의 일이라면, 이제는 자유롭게 쓰고 활용될 수 있도록 내어놓는 것 역시 문화원의 중요한 역할이 되어야 한다. 이를 위해 필요한 것이 '사람', 즉 지역 사람들을 활동가로 양성하는 일이어야 한다.

과거의 것이 향토문화, 향토 사료로서 가치를 갖는다면, 현재의 생활문화는 내일의 지역(향토) 사료로서 가치를 지닐 수 있도록 의미화하고 맥락화하는 일이 필요하다. 시민과 기획자들이 어울려 만들어가는 과정을 기록하고, 지역의 자료로 만들어내며, 활용할 수 있도록 나누어 주는 역할이면 충분하다. 지금의 지역문화를 읽어내고, 다양한 시각으로 해석하며, 기록·보존하여 사료로서의 가치를 가지도록 하는 것이 문화원의 역할이 되어야 한다. 〈문화비전2030〉에서는 다양성, 창의성, 자율성을 강조하고 있다. 문화원 입장에서 해석하자면 지역의 다양한 문화 자원과 자료를 바탕으로 자유로운 방법으로 창의적 활동을 이어나갈 수 있는 사업의 확장이 가능하다.

이제 지역문화는 문화원 내부에서 만드는 사업이 아니라 지역의 사람들과 '함께' 만드는 사업이어야 한다. 이전부터 지금까지 이어져온 삶에 기반한 생활문화를 자유로운 방법으로 이야기하고, 고민하고, 실천하는 과정들이 문화적으로 또 예술적으로 어떻게 표현되느냐가 지역(로컬)의 독특하고 창의적인 문화로 성장하고 기록될 것이라고 설명할 수 있다. 문화원이 할 일은 시민 활동가를 양성하고, 문화원의 자료와 자원을 바탕으로 사람

경기도문화원연합회 2017 지역문화 커뮤니티 활동가 양성사업 〈품앗이안(pumasian) 프로젝트〉에서 의정부문화원 활동가가 시민들에게 경전철 역명의 유래에 대해 소개하고 있다

1부 로컬 지향의 문화원을 위하여

들이 우리 지역을 각자의 삶에 비추어 다른 방식으로 이해하고 적용할 수 있는 '판'을 벌이는 것이다. 그리고 그 사람들의 활동을 기록하는 것이 지금의 지역문화, 향토문화를 내일로 이어가는 일일 것이다. 다양하고, 창의적으로, 자유롭게.

시민문화 활동가, 예술가형 인간을 양성하라

진중권은 『호모 코레아니쿠스』(웅진지식하우스, 2007)에서, 산업사회에서 정보사회로의 전환을 이야기하고 있다. 산업사회의 인간이 주어진 목표를 초과 달성하는 충실한 '타율적 신민(臣民)'에 머물렀다면, 정보사회의 인간은 자신의 꿈을 앞으로 던져 실현하는 '자율적 주체인 기획자'가 되어야 한다고 말한다. 전자가 '동일성'의 경쟁으로 양적 기준을 만족시켰다면, 후자는 '차이'의 경쟁이라고 할 수 있다. 디지털 시대는 과거의 전사(戰士)형 인간에서 예술가형 인간으로 다시 태어날 것을 요구한다.

문화원의 소중하고 가치 있는 자료들을 예술가의 작품처럼 모셔두고 의미 있음을 소리쳐봐야 아무도 알아주지 않는다. 아니, 문화원은 박물관과 다를 바 없다. 이 자료들을 지역 주민들 스스로 사용하고, 재해석하고, 나름의 방법으로 읽어내려는 시도가 있을 때, 문화원이 지역문화와 시민을 매개하는 플랫폼으로서 역할을 할 수 있을 것이다. 또한 그들에게 자율성이 주어지는 것 역시 중요하다. 마치 신발을 만든 예술가가 이 신발이 어떻게 쓰

47

여야 한다고 주장하지 않는 것처럼, 사람마다 자기 방식대로 지역문화와 자료를 읽어내고 활용할 수 있어야 한다. 예술 행위만이 예술이 아닌 것처럼 시민이 내가 사는 지역의 문화를 어떻게 바라보고 인식하고 해석하는가, 그것을 나의 삶에서 어떻게 의미 지을 수 있는가가 생활문화이며 지역문화일 것이다.

위기(危機)라는 밑에는 '기회'라는 의미가 포함되어 있다. 문화원이 겪는 지금의 위기는 곧 기회가 될 수도 있다는 의미도 된다. 그러나 분명한 것은 세상은 저절로 바뀌지 않는다는 점이다. 이제 지역에서 예술가형 인간으로 태어날 시민문화 활동가들을 찾아 문화원이 지역문화의 중심에 서야 한다. 그들에 의해 새롭게 탄생한 지역의 이야기들이 다시 문화원으로 돌아오게 하는 과정이 필요하다.

'삶터'가 '일터'가 되는
로컬을 고민하다

경 기 도 문 화 원 연 합 회

일본 아와지시마 〈하타라쿠 가타치 연구섬〉
사례를 중심으로

일본 아와지시마(淡路島)의 〈하타라쿠 가타치(はたらく かたち) 연구섬〉
프로젝트는 일본 후생노동성 사업을 위탁받아 지역고용창조추진사
업의 일환으로 추진되고 있는 프로젝트이다. 이 프로젝트는 2012년
4월부터 아와지시마 지역에서 '일하는 사람과 미래를 열다'라는 슬로
건으로 새로운 '일'의 형태(가타치)를 함께 생각하고 매력적인 노동자,
일터, 노동의 기회를 만드는 일을 하고 있다. 지역에 대한 근본적인
고민과 시각을 문화원 기획자들과 공유하고자 2016~2017년에 진행
되었던 '선진지역문화정책연수 및 국제문화네트워크 구축사업' 중 문
화원 직원들과 아와지시마 프로젝트의 기획자인 도미타 유스케(富田
友介) 씨와 야마구치 도모코(山口智子) 씨를 만나 나눈 대담을 재구성
했다. 〈편집자 주〉

49

Q. 아와지시마에서 어떤 일들을 하고 있나?

A. 저는 아와지시마에서 태어났고, 학업 때문에 도시에서 살다가 결혼 후 이곳으로 다시 돌아와 민간비영리단체(NPO) 활동을 시작했습니다. 아와지시마는 노령화가 심각해서 외부의 젊은 이들을 유인할 수 있는 방안을 생각해야 했습니다. 외부로부터 '아와지시마에 살고 싶다'라는 생각이 들 수 있게 주목할 만한 것들을 만들어야 한다고 생각했고, 그러기 위해서는 스스로 즐겁게 일할 수 있는 일거리가 필요했습니다.

우리는 예술 장르나 문화를 기반으로 일을 하는 것은 아닙니다. 주요 프로젝트는 섬 관광 및 투어리즘 개발, 농축수산물의 먹거리 비즈니스 등의 개발을 테마로 '생업(生業)'으로서의 일거리를 만들어내는 것입니다. 구체적으로는 일거리를 확장하려는 지역 주민들과 6개 정도의 연구 모임을 진행했고, 일거리를 찾고자 하는 사람들을 대상으로 11개의 연구 모임을 진행했습니

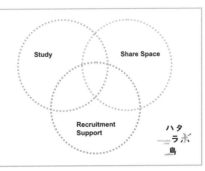

아와지시마의 〈하타라쿠 가타치 연구섬〉 프로젝트의 로고와 활동 영역

1부 로컬 지향의 문화원을 위하여

다. 필요에 따라 외부에 있는 예술가, 전문가들을 지역 주민과 연결해주는 일도 합니다.

Q. '생업'으로서의 일거리란 무엇인가?

A. 저희가 하고자 하는 일은 '상품을 만든다'거나 단순히 '일자리를 만드는 것'이 목적은 아닙니다. 정리해서 말하자면 '대량생산, 대량소비의 경제구조에서 탈피하여 지역에서 진정한 자신다움을 살릴 수 있는 '노동 방법 찾기'라고 할 수 있습니다. 여기서 말하는 '노동'이라는 개념은 자본주의사회에서의 노동과는 다른 개념으로 생각하고 있습니다. 즉 노동의 목적과 수단이 동일해지길 바라는 것이죠. 여기 아와지시마에서는 '생업으로서의 노동'에 대한 가능성이 보다 더 선명하고, 단순한 형태로 구현되고 있다고 생각합니다. 아와지시마에서는 지금 사람과 사람의 관계 속에서 무언가가 만들어지고 있다고 저는 느끼고 있습니다.

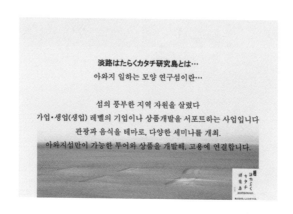

51

'삶터'가 '일터'가 되는 로컬을 고민하다

'생업' 만들기 연구 모임의 워크숍

1부 로컬 지향의 문화원을 위하여

여기에 생업과 지역, 커뮤니티, 관계(공동체) 회복 등의 문제가 동시에 고려되어야 한다고 생각합니다.

Q. '생업' 만들기를 위한 연구 모임은 어떻게 이루어지고 있나?

A. 아와지시마가 자랑하는 '관광'과 '먹거리'를 테마로 사업자와 개인을 대상으로 상품이나 서비스, 관광자원의 개발, 필요한 기술 습득 등 일에 종사하는 사람을 육성하기 위한 연구 모임을 개설했습니다. 2012년 12월 말 현재 34개 사업자와 200명이 넘는 주민들이 연구회에 참가했습니다.

연구 모임의 목표는 생산방법부터 비즈니스에 이르기까지 모든 과정의 연결을 위해 필요한 기술을 몸에 익히는 것입니다. 우리는 참가자들을 지원하는 키워드를 '상품' '기술' '사람'으로 삼았습니다. 연구회 강사는 디자이너, 요리연구가, 편집자, 퍼실리테이터(facilitator), 호텔리어 등 여러 분야의 전문가로 구성되어 있고, 모두 각 분야 최고 전문가로 활약하는 사람들입니다. 바쁜 와중에도 '섬을 위해서'라는 모토로 열정적으로 지도해주고 있습니다.

성과는 참가자에 따라 다를 수밖에 없습니다. 워크숍을 진행하는 중에 강사로부터 커리큘럼 내용이나 진행 방법이 어렵다는 얘기가 나올 정도로 강사와 참가자가 같이 고민하고, 생각하고, 고생하고, 즐거워하며 충실하게 진행하고 있습니다. 지역에 정착시키려면 더듬거리면서도 함께 고민하여 형태를 만들어가야 하기 때문입니다.

53

주민들과 만날 때는 생활언어로 자주 찾아가 대화한다

1부 로컬 지향의 문화원을 위하여

Q. 참여자 모집은 어떻게 하나?

A. 처음에는 목적성을 드러내지 않고 몇 차례 가벼운 만남을 만들었습니다. 단순히 식사하기 위해 식당을 여러 번 방문해서 식당 주인과 얼굴을 익히고 벽을 허무는 작업을 했습니다. 그런 다음 우리가 하고 있는 일을 이야기하고 함께할 것을 권유했죠. 또 농민, 어민, 회사원 등 서로 사용하는 어휘나 어법이 다르기 때문에 만나는 사람마다 대화하는 방식을 달리했고, 그들이 이해할 수 있는 용어를 사용했습니다.

물론 처음부터 지역 사람들이 우리를 신뢰한 것은 아니었습니다. 오랜 기간 저희들이 생각한 것들과 지역 사람들의 요구를 맞추어가는 과정이 필요했습니다. 처음에는 우리의 목적과 지역 주민의 목적이 맞지 않았던 적도 있었지만 지역 사람들에게 절대로 피해를 주지 않겠다는 것을 전제로 했습니다. 지역 사람들이 해결해야 하는 과제들을 우리가 떠안아서 해결해주기도 하면서 지금의 관계가 형성되었습니다.

Q. 연구 모임의 구체적인 진행 방법은?

A. 첫 번째로 강사가 참가자에게 현재 일의 상황과 문제점을 듣습니다. 참여자의 수요와 요구를 파악하죠. 이를 통해 도출된 내용을 바탕으로 연구 모임의 방침을 정하거나 방향을 수정하면서 각각의 테마에 대한 연구를 진행합니다. 이를 통해 신상품을 개발하기도 하고, 사업을 확장시키기도 하고, 새로운 사업으로 연결하는 실마리를 찾습니다. 지금까지 효고현(兵庫縣) 차원에

55

연구 모임에는 기간을 두지 않고, 오랜 기간 참여자의 요구와 문제점을 파악하는 데 시간을 할애한다

1부 로컬 지향의 문화원을 위하여

서 지역 산업을 육성하기 위해 여러 가지 노력을 해왔습니다만, 아와지시마 프로젝트는 지역 주민들의 니즈(needs)를 먼저 찾고, 그것을 바탕으로 주민과 함께 무엇인가를 만들어내려 했다는 점에서 조금 다른 방식으로 인식되고 있습니다. 솔직히 말하자면 처음 시작할 때는 방향을 잡는 데 고생을 많이 했습니다. 주민들을 이해시키기도 어려웠고 저희들 자체적으로 상당 부분 방향을 수정하기도 했어요. 1년 반 정도 지속하고 나서야 겨우 우리들이 하고자 하는 방향이나 원칙 같은 것들이 보이기 시작했습니다.

Q. 연구 모임을 통해 어떠한 성과가 있었나?

A. 연구 모임을 마칠 무렵에 지역에서 많은 '씨앗'을 발견할 수 있었습니다. 예를 들어 관광농원과 비닐하우스를 이용한 '체험형 농촌카페'를 열기 위해 잼을 만드는 사람, 지역의 식재료인 시라스(白子, 뱅어류)를 가공해 '메이드 인 아와지'를 만드는 로컬푸드 음식점을 연 사람, 섬의 먹거리에 관한 잡지나 식품을 취급할 뿐만 아니라 워크숍 스페이스로도 이용 가능한 공간을 오픈하는 사람, 달걀 생산을 마친 닭을 어떻게 활용할 것인가 고민하는 사람, 지역 주민과의 관계를 이용해 관광 가이드북에 실리지 않는 독자적 여행을 기획하는 사람 등을 발견했습니다. 이러한 일련의 과정이 새로운 고용 창조 지원의 사례로 평가되어 경제산업성 소관 〈굿 디자인 어워드〉(Good Design Award)의 '지역 만들기 디자인상'을 수상하였습니다.

57

'삶터'가 '일터'가 되는 로컬을 고민하다

야마다 상이 운영하는 체험형 딸기 농장의
사례로, 비닐하우스 안에서는 책 읽기, 영화
상영, 요가 등 다양한 프로젝트가 진행된다.
야마다 상은 외부의 주목을 이끌어내기 위해
교육 참여자 중 스타를 발굴하고 있다

로컬푸드 '시라스'를 주메뉴로 판매하는 식당
〈하타라쿠 가타치 연구실〉기획자가 결합하여
활성화된 사례이다

1부 로컬 지향의 문화원을 위하여

기타사카 양계장 홍보관
양계장 상품 판매 및 양계장과
관련한 지역 활동 홍보관으로
조성하였다
기획자는 2개월 간 양계장
주인에게서 양계장 운영법,
가업을 물려받은 개인사 등을
들으며 로고를 디자인하였다
〈하타라쿠 가타치 연구섬〉 연구
모임의 지원으로 상품 패키지와
2차 상품을 개발하였으며
운영자가 지역 커뮤니티 활동에
참여하고 있다

'삶터'가 '일터'가 되는 로컬을 고민하다

〈하타라쿠 가타치 연구섬〉 프로젝트의 멤버들
실제로는 6명이 참여하고 있다

1부 로컬 지향의 문화원을 위하여

Q. 본 프로젝트를 진행하는 기획자에게도 연구 모임이 '생업'이 되는가?

A. 조직의 운영 방식부터 말씀드리자면 처음에는 국비를 지원받아 4년 동안 운영하였고, 지금은 민간 기업에서 프로젝트 예산을 지원받아 운영합니다. 조직의 형태는 각자 다른 일들을 하다가 필요할 경우 일에 결합하는 형태이기 때문에 프로젝트마다 결합해서 일하는 친구들이 다릅니다. 외부 기업에서 지원받는 프로젝트의 경우 예산이 크기 때문에 모아두었다가 지역 내 프로젝트가 없을 때에도 이어갈 수 있도록 하고 있습니다. 또한 연구 모임 역시 처음에는 무료로 진행했다가 지금은 유료로 전환했습니다. 유료이더라도 사람들이 확실히 얻어가는 것이 있기 때문에 지속적으로 참여하는 사람들이 있습니다.

저의 경우에는 사업 초기 멤버로 함께하고 있습니다. 처음에는 취업 활동 지원금을 받아서 같이 일하는 사람들 모두가 각자의 직업을 가지고 여러 가지 일을 동시에 했습니다. 봉사처럼 하는 일들도 있었고요. 시간이 조금 지나고 전업으로 활동하는 인력이 생기면서 프로젝트가 확대되었는데 사업 기간이 끝나자 다시 타 지역으로 떠나는 멤버들이 많아지는 문제가 생겼습니다. 이를 계기로 활동 멤버 전원이 '1인 기업가'가 되자는 생각으로 전환했고 대부분 작가, 디자이너, 건축가 등 각자의 직업을 가지면서 이 프로젝트에 결합하고 있습니다. 현재는 조성금이나 기금을 받지 않고, 지역에서 저희 쪽에 직접 의뢰를 하는 형태로 바뀌었습니다. 거기서 생긴 의뢰비의 몇 퍼센트를 일을 담당하는

1부 로컬 지향의 문화원을 위하여

사람에게 보수로 지급하고 있습니다. 하지만 그걸로 충분하지 않으니까 여러 가지 다른 일들을 함께하고 있습니다. 어떤 멤버는 지역의 정보지를 디자인하기도 하고, 지역 잡지에 글을 쓰는 친구도 있습니다. 대부분 지역에서 일거리를 찾아서 하고 있죠.

Q. 앞으로 아와지시마에서 기대하는 것은?

A. 연구 모임에 참가해 물건을 상품화할 수 있는 단초를 얻고, 그 기술을 몸에 익히는 것입니다. 그리고 그 기술을 다시 다른 사람에게 전수하는 과정을 통해 새로운 가능성의 씨앗을 발견하는 선순환 구조가 생겨나도록 하는 것입니다. 그 '씨앗'은 여기 '아와지'에서만 발견할 수 있는 '일의 씨앗'이 되고, 그로 인해 다양한 형태의 일거리가 만들어져 지역이 활성화되기를 기대합니다.

'삶터'가 '일터'가 되는 로컬을 고민하다

향토문화의
개념 재정립을
위하여

"지방문화원이 유연한 조직, 개방형 플랫폼 형태로
변하지 않으면 지금의 상황으로는 변화하기가
거의 불가능하다고 봅니다.
조직에 사람을 늘려서 업무를 가져가는 방식보다는
'플랫폼 형태'로 가야 한다고 생각합니다.
이것은 문화재단도 마찬가지예요.
좋은 사업이 있으면 이 사업을 잘할 수 있는
민간 파트너와 협업 구조를 만들어서 민간과 함께
성장하는 민간 생태계를 만들어야 하는데
끊임없이 민간 생태계를 실험대에 올려놓고
개인과 단체를 경쟁하게 만드는 형태의 지원 구조로는
지역 생태계를 만들어가기가 어렵습니다."

신동호 「[대담] 경기 지역 향토문화의 발전 방향 모색」 중

향토학의 지방주의를
넘어서

········· 구모룡 한국해양대학교 교수

중심과 주변의 변증법

고장과 향토에 대한 앎은 책임 의식으로 이어진다. 사는 곳에
대한 공부가 중요한 까닭이다. 향토학은 삶의 터전에 대한 학문
이다. 대개 자부와 애착이 함께한다. 이를 무턱대고 부정적으로
보진 않아야 한다. 다만 중심의 특권에 반발하는 심리가 개입할
때 이율배반적 정념으로 왜곡이 발생한다. 이럴 때 자기 경험을
배타적으로 적용하는 지방주의(localism)와 향토학은 결합한다. 그
런데 지방의 위치에서 지방의 경험을 폄하하거나 이와 정반대
로 이를 우월한 가치로 격상시키는 태도는 동전의 양면과 같다.
실제 지방주의는 중심주의와 마찬가지로 중심과 주변의 이원론
을 강화하고 지속하는 공범 관계를 형성한다.

67

지방주의의 이율배반적 지향성은 여러 가지 양상으로 나타난다. 가장 흔하게 지방의 경험과 유산 그리고 기억들이 지닌 순수성을 전면에 내세우는데, 향토학이 이러한 경향과 무관하지 않다. 여기서 말하는 순수성은 대체로 전(前)근대적이거나 반(反)근대적인 문화양식들에 내재해 있는 특성들을 의미하며 고유한 풍토와 환경, 전통, 문화유산 등에서 자기정체성을 찾는다. 이는 역사 속에서 접변하는 문화 현실의 구체성을 외면하며 비역사 혹은 무역사성으로 기운다. 또한 생활 세계와 분리된 가치를 강제하는 위험성을 드러내며 폐쇄적인 논리의 순환성에 함몰된다. 지방주의의 이율배반적 양상으로 들 수 있는 다른 하나는 지방 스스로 문화적으로 자립해야 한다는 자립주의이다. 이러한 입장이 주장하는 지향은 그 궁극이 주민자치 지역공동체라는 점에서 납득되는 바 없지 않다. 하지만 이 또한 지방의 다층적인 모순 현실을 외면하기 쉽다. 가령 문화 생산과 소비의 주체를 인위적으로 구획된 지방이라는 장소에 한정하는 우를 범하는 것은 자립주의의 한계이다. 이러한 입장은 현대의 문화가 교류하고 교섭하는 과정임을 애써 외면한다. 실제에 있어 불가능한 자립을 강조한다는 점에서도 이것의 비현실성은 지적될 수 있다. 이같은 입장은 간혹 문화 생산의 수준을 연고주의와 혼동하는 당착을 보인다. 지방의 순수성을 가장 중요한 척도로 내세우는 이나 지방의 자립성을 강조하는 이는 모두 지방을 권력화한다는 점에서 비슷한 인식 구조를 드러낸다. 그러나 이러한 배타주의는 역설적으로 중심주의를 승인하고 강화한다. 지방주의의 이율

프랙털 구조의 '시에르핀스키(Sierpiński) 삼각형'
프랙털(fractal)은 작은 구조가 전체 구조와 비슷한 형태로 되풀이되는 구조를 말한다

배반적 양상의 또 다른 예로 중심의 시선으로 지방을 계몽하는 지방주의자들의 입장을 들 수 있다. 이들은 우세한 중심의 문화를 일반적인 것으로 받아들이면서 지방의 낙후와 후진을 중심의 독점 탓으로 돌린다. 다시 말해서 이들은 지방을 계몽하는 '문화전도사'로 자처하는 한편 중심 독점을 비판하는 이중적 문화전략을 구사한다. 이러한 입장은 지방문화의 특수한 국면들을 간과하기 쉽다.

실상에 있어서 중심과 주변의 관계는 중층적인 복잡성을 지닌다. 마치 프랙털(fractal)과 같이 부분들과 전체의 다층적인 연관성을 드러낸다. 따라서 중심/주변, 서울/지방의 이분법은 실제의 복합 국면을 단순화시킬 우려가 있다. 이러한 단순화는 무엇보다 하나의 중심을 고착화시킨다. 이제 향토학은 지방주의를 넘어서 중심과 주변들이 맺는 관계의 복잡성을 사유해야 하는 단계에 직면하고 있다. 이는 우리 안에 고착된 중심과 주변의 심상지리(心象地理)를 바꾸어가는 일과 결부된다. 중심의 시점에서 그려진 심상지리와 주변의 시점에서 그려진 심상지리의 비대칭

적 이항대립에서 벗어나 주변과 중심의 다층적인 연관을 사고
하는 새로운 심상지리를 그려가야 한다. 중심과 주변은 그 수준
에 따라 다양한 양상으로 설명된다.

먼저 세계 체제의 관점에서 중심부―반(半)주변부―주변부의
계서(階序)를 들 수 있다. 다음으로 지역적 세계 체제(유럽, 동아시아,
아메리카 등)에서도 이 같은 양상은 흡사하게 드러난다. 말할 것도
없이 세계 체제와 지역적 세계 체제는 상호 관계 속에 있다. 이
러한 세계 체제 혹은 지역적 세계 체제의 양상은 일국적 상황에
서도 재연된다. 중심과 주변은 한 나라 안에서도 다층적인 중첩
관계를 형성한다. 지방은 이러한 프랙털 모형의 관계 속에 있다.

비판적 지방주의 : 향토학에서 지역학으로

향토학이 지방주의를 넘어서면 중심과 주변의 중층적인 관계
를 인식하는 비판적 지방주의(critical localism)와 만나게 된다. 이 단
계에서 향토학은 방법과 이론에서 지역학으로 진화한다. 지역학
은 주체를 포함하면서 자기의 고장을 방법적으로 사유한다. 지
역 조사 연구와 자료학은 모든 지역학의 바탕이 되어야 한다. 그
럼에도 그 자체로 지역학을 대신할 수 없다. 문화인류학의 민족
지(ethnography)에 연원한 민속학은 잔존 문화 연구에 한정된 시야
에서 벗어날 필요가 있다. 도시의 현실문화에 대한 연구로 이어
질 때 지역학으로 합류한다. 잔존 문화 연구는 자주 향토학의 지

방주의와 결합하기도 한다. 앞에서 말했듯이 지방주의의 한계는 주체로 환원되는 자기중심적인 시각에 있다.

지역학은 지방의 역사적 경험들을 해석하고 비판하면서 현재와 미래를 조망할 수 있는 방식을 만드는 일과 다르지 않다. 20세기 말 진행된 세계화 혹은 전 지구적 자본주의는 제국과 식민, 국민국가 내의 중앙과 지방 등 이항대립을 넘어서 보다 큰 틀에서 지역과 도시를 바라볼 것을 요구한다. 이러한 점을 감안하여 지방이라는 용어보다 '로컬'이라는 용어를 선호한다. 실제 국지적인 로컬이 형성되고 발전하는 과정에는 국가적(national), 지역적(regional) 문제가 중첩적으로 개입한다. 로컬인 지방이 지닌 기억과 경험의 역사에 대한 바른 이해가 요긴하다. 예를 들어서 부산학은 기원의 식민도시(colonial city)에서 근대도시(modern city)로 성장하는 경로들을 추적해야 하고, 식민적 근대화와 국가 주도의 근대화에 의해 형성되고 발전해온 과정을 서술해야 한다. 또한 근대도시를 넘어서려는 21세기 현재의 시점에서 정치, 경제, 문화의 층위가 상호 연동된 부산의 도시적 성격을 따져야 한다. 특히 문화와 공간은 21세기 새로운 탈근대도시(postmodern city)를 창안하는 일에서 가장 중요한 개념들이다.

향토학을 넘어선 지역학은 1) 문화인류학의 자국 인류학으로의 전회(도시민속학, 민족지적 방법의 지역 연구), 2) 문화 연구의 통합적(학제적) 경향, 3) 도시 연구의 진전, 4) 세계체계론의 지역문화론, 5) 로컬에 대한 다층적 스케일의 인식 등을 수용할 필요가 있다. 이러한 방법들을 통하여 지역학은 오늘의 시점에서 역사적으로 형성되고 변화해온 로컬의 의미를 규명하면서 내일의 도시로 나아가는 전망을 제시하여야 한다. 로컬의 미래상은 과거와 현재의 단절을 의미하지 않는다. 이는 공간에 누적된 의미들을 새롭게 재해석하는 과정에서 그려질 수밖에 없다.

　현금에 와서 학제적 연구이자 통합 학문인 지역학에 문화론적, 공간적 전회(轉回)가 뚜렷하게 나타나고 있다. 우선 전자는 특정 지역의 독자적인 의미와 가치가 문화를 통하지 않고 알 수 없다는 데 연유한다. 문화야말로 그 지역에 사는 사람들의 삶의 전체적인 과정을 보여주기 때문이다. 그동안 지역학은 사회과학의 보편적인 방법을 모든 지역에 적용하는 방식으로 진행되어왔던 측면이 없지 않다. 사회과학 중심으로 지역학이 발전해왔다는 것은 지역학이 현실적인 문제를 해결하려는 데서 비롯하였음을 의미한다. 사회과학적인 지역학이 지역적인 불균등성을 객관적으로 규명하는 색인을 만들어온 것은 결코 간과할 수 없는 일이다. 이러한 지역학을 통해 지역의 소외와 종속적 상황을 과학적으로 알 수 있었다. 경제학과 사회학이 주축이 되는 사회과학적 지역학은 여전히 번성하고 있다. 이것이 주류적인 경향이라고 생각이 될 정도로 큰 흐름을 이어오고 있다. 하지만 지역의 특수성을 규명하는 문화론적 지역학의 역사도 결코 짧지 않다. 지역에 대한 앎의 학문으로서 역사와 민속 영역에서의 지역학 전통은 오래다. 아울러 지역문학 영역에서도 일정한 성과를 보이고 있다.

지역학과 문화 연구가 만나는 시점은 1990년대 이후이다. 세계화와 더불어 지방화가 병발하면서 지역의 특수한 가치에 대한 관심이 커지는 한편 1990년대 새로운 학문 경향으로 부상한 문화 연구(cultural studies)가 지역학을 포괄하는 현상이 두드러지게 된다. 그런데 초기 계급에 초점을 두던 전통에서 정체성과 젠더, 인종, 민족성과 국적, 문화적 실천과 이를 형성해내는 권력관계, 역사학과 지리학에 뿌리를 두고 있는 시간과 공간 등에 이르는 논의를 일삼는 문화 연구가 지역학과 만나는 것은 거의 필연에 가깝다. 아울러 이들 학문이 지니는 학제성은 상호 연관성을 증대하면서 문화론적 지역학을 하나의 흐름으로 만들고 있다. 이러한 흐름을 따라 세계 단위에서 탈식민화와 교류, 연대를 지향하는 탈경계 지역학이 구상되는 한편, 일국적 차원에서 소위 지방화 시대에 상응하는 지역문화에 대한 연구가 이뤄지고 있다.

지역학의 공간적인 선회는 지역을 바라보는 스케일과 연관된다. 가장 구체적인 장소에서 추상적인 공간에 이르는 시선의 변화를 함의하는 이것은 지역을 둘러싼 공간의 중층성에 대한 인식을 반영한다. 다시 말해서 국지적(local), 국가적(national), 지역적(regional), 지구적(global) 영역들이 중층적인 연동 관계에 있음을 지역학이 방법적으로 인식한다. 예를 들어서 식민도시에서 출발한 부산이라는 '공간의 생산'(production of space)은 단지 국지적인 영역의 문제가 아니며 일국 차원에 머무르지도 않는다. 공간 시점을

73

넓혀 동아시아, 나아가 세계 체계와 연동시켜볼 때 과거와 현재
가 제대로 그려지고 미래가 보인다. 지역학의 공간적 선회는 장
소의 재탄생, 도시재생에서 새로운 공간의 생산 과정을 중층적
인 스케일의 시차(視差)를 통해 인식하는 일과 다르지 않다.

새로운 지역학의 네 가지 맥락

새로운 지역학은 크게 네 가지 맥락을 지닌다. 첫째, 지역 정
체성에 대한 연구이다. 이는 국민국가(nation-state)의 국가주의가
부여한 정체성을 벗어나려 한다는 점에서 중심주의에 대한 '해
체의 작업'에 상응한다. 그러나 지역학은 이러한 해체에 그치지
않는다. 주체적으로 정체성을 정립하려는 의지를 지니고 있기
때문이다. 새로운 지역학은 이미 만들어진 정체성을 해체하는
한편 새롭고 창조적인 정체성을 세우려 한다. 지역의 정체성은
사회역사적 조건에 따라서 구성된다. 이러한 지역 정체성 형성
에 대한 논의는 문화론적 지역학의 핵심 주제이다. 둘째, 문화지
리와 공간의 문화정치학에 의한 지역 탐구이다. 문화가 삶의 전
반적인 과정이고, 이러한 과정에서 이뤄지는 의미 생산과 소통
이라고 할 때, 지역민의 삶을 구성하는 장소와 공간은 지역학의
주된 영역 가운데 하나가 된다. 셋째, 과거에 대한 기억의 재현
을 해석한다. 지역의 역사를 어떻게 기술하고 있고 지역민이 지
역의 역사를 어떻게 기억하고 있는가의 문제를 고찰하는 것은

지역의 정체성을 파악하는 일에 매우 요긴하다. 지역민에게 과거는 대체로 현재가 원하는 바대로 기술될 공산이 크다. 그러므로 이러한 경향은 매우 정치적인 형태로 집단적인 정체성이 될 가능성이 높다. 넷째, 문화인류학에서의 현지 연구 방법을 원용한 지역 민속지 기술이다. 장소와 사람들에 대한 구체적인 인식 지도를 그리는 일은 지역학의 중요한 과제 가운데 하나이다.

경기지역 향토문화의
발전 방향 모색

···· **때**

2018년 7월 10일

···· **곳**

서울 한국문화의집협회 사무실

···· **대담자**

신동호(코뮤니타스 대표)

···· **패널**

고영직(문학평론가)

경기도문화원연합회에서 발행하는 이번호 웹진 주제는 '향토문화'
이다. 향토문화를 어떻게 바라보아야 할 것인지, 전통문화와 향토문
화는 차별성이 있는 것인지, 그리고 지방문화원에서 보유하고 있는
향토문화 자료를 어떻게 현재화하고 콘텐츠화할 수 있을지 논의하
는 시간이 되었으면 한다. 지방문화원 실태 조사를 맡아 진행하고 있
는 신동호 코뮤니타스 대표를 만나 의견을 나누었다. 〈편집자 주〉

2부 향토문화의 개념 재정립을 위하여

왼쪽부터 고영직, 신동호

향토문화를 둘러싼 용어(用語) 논란

고영직 먼저 큰 주제부터 논의가 되었으면 하는데, '전통문화인
가, 향토문화인가'라는 문제 제기가 필요합니다. 그리고 이러
한 담론에 대한 공론화 과정이 필요해 보입니다. 여전히 향토
문화 하면 상대적으로 낙후된 것으로 인식되고 있는 실정입
니다. 향토문화와 전통문화, 어떻게 보아야 한다고 생각하십
니까?

신동호 여러 가지 논란의 소지는 있는 것 같아요. '전통문화'라
고 했을 때 역사·문화적으로 유·무형문화재라고 생각하는 것
이 일반적이고, 결과적으로 보면 한민족이라는 지리적 경계이

77

든 인류학적 경계이든 간에 우리 선조들이 가지고 있었던 유·무형 자산을 일컬어왔습니다. 그런데 향토사학은 아무래도 지역적 맥락, 특정한 문화권이나 행정권 안에 있는 문화적 자산들을 총칭하는 말로 쓰여왔습니다. 정확한 개념 정의는 어려운 지점이 있고, 향토학이라는 개념과 관련해서는 '지역학' 논의도 함께 있는 것 같습니다. 사실 수년 전부터 '향토사', '향토학', '향토문화'라는 용어 자체가 변방(邊方) 이미지 혹은 거칠고 투박한 이미지 등을 갖고 있어서 용어를 바꾸자는 이야기가 있었고, 갈수록 지역 연구가 활성화되는 상황에서 지역 연구 차원의 '지역학'을 사용하자는 논의도 있었습니다. 지역에서는 이미 발 빠르게 지역학 연구와 관련된 협회, 단체 등이 만들어졌습니다. '지역학' 하면 지역의 정체성(identity)부터 넓은 범위까지 포함하고 있기 때문에 이런 부분에서 지방문화원이 굉장히 많은 장점을 가지고 있어서 '향토문화연구소'를 '지역학연구소'로 가져가자는 주장도 했었는데 아직 논의가 충분히 이뤄지지 않은 것 같습니다. 그런 사이에 일부 지방문화원을 포함해 자치단체나 학계, 연구자들의 노력으로 '지역학'과 관련된 용어 사용이 활발하게 이루어지고 있는 것은 사실입니다.

지방문화원이 고집하던 '향토사'라는 것을 계속 가지고 가느냐 아니면 용어를 바꿔야 할 것인가라는 문제는 보는 입장에 따라 다를 것 같습니다. 그렇기 때문에 '전통문화로 가자', '향토사로 가자', '지역학으로 가자'라는 논의가 여전히 지속되고 있습니다. 그럼에도 불구하고 지방문화원이 '향토사', '전통문화'라는 이름으로 그동안 원천콘텐츠를 축적하고 발굴한 자료들이 굉장히 많은데, 이는 지방문화원의 장점이자 기회가될 수 있습니다. 저희 코뮤니타스가 조사한 바에 따르면 지방문화원 개원 이후 약 1만 3000종의 자료가 발간되었습니다. 여기에는 향토지, 비문(碑文)을 정리한 자료, 조선왕조실록에나온 지역사를 따로 정리한 것, 전설을 정리하거나 특정 인물에 대한 연구 자료 등이 포함되어 있습니다.

제가 재미있게 본 자료 중 하나는 시흥 사례입니다. 기존의 한두 권짜리 향토지(鄕土誌)가 아니라 인물, 역사, 민속부터 당대를 살았던 인물의 구술사가 담겨 있다는 것이 인상 깊었습니다. 이 구술사에는 소래염전에서 일했던 염부들의 삶이 담겨있는데 이런 부분에서 지역 연구에 대한 정리를 잘했다는 생각이 들었습니다. 또 제가 개인적으로 놀랐던 것은 학계에 전혀 알려지지 않은 자료들을 지방문화원이 상당수 보유하고 있다는 사실입니다. 한 예로 국학진흥원에서 개인이 수장할 경우 재난, 화재, 도난의 위험성이 있는 종중(宗中) 유산, 서책, 목판, 이런 것을 대신 수장해주는 수장고를 열어 아카이브를 진행 중인데 현재 10%밖에 하지 못했습니다. 지금 속도로는 수십 년이 지나야 완료될 정도로 자료가 많다고 합니다. 결론적으로 보면 이러한 원천콘텐츠를 지방문화원이 많이 가지고 있는 것이 확실하고, 그런 것을 포괄적으로 '향토사'라고 불렀다고 할 수 있을 것 같습니다.

79

지방문화원은 '향토문화 자료의 보고'인가?

고영직 　말씀하신 것을 정리해보면 향토(학)에 대한 개념적인 혼란이 여전히 있는 것 같습니다. 원래 '향토'라는 개념은 19세기 말 독일에서 일어난 향토예술운동을 의미하는 하이마트쿤스트(Heimatkunst)에서 나온 말인데, 이 말이 일본에 수입되고 1930년대 일본이 만주사변 이후 태평양전쟁으로 확전할 때 '향토문화'라는 개념을 국가 이데올로기에 동원했던 역사가 있습니다. 그런 역사적 과정을 지닌 향토라는 말이 그동안 우리나라에서 왜곡되어 사용되었다는 생각이 듭니다. 누군가는 외부에서 문화원을 말할 때 '향토문화 자료의 보고'라고 하지만, 현재 문화원이 보유하고 있는 자료의 양이나 콘텐츠들은 외부에 잘 알려지지 않고 있는 것 같습니다. 왜 그럴까요?

신동호 　일차적으로 문화원이 이러한 향토문화 자료를 잘 활용해서 자기 사업으로 만든 경험이 거의 없었습니다. 향토사 대중화 사업이 있긴 했지만 대부분 축제나 이벤트 등 부분적인 콘텐츠 활용이 전부였습니다. 지방문화원 전체를 대상으로 하는 발굴 사업으로는 2017년 〈원천콘텐츠 발굴 및 지원사업〉이 대규모 예산을 들여 시행되었지만, 외부 평가에 의하면 학제적 연구도 아니고 활용도 아닌 어정쩡한 상황이었다고 합니다. 그럼에도 불구하고 800종 이상의 원천콘텐츠가 발굴되었다고 하는데, 이 또한 언론에 많이 알려지지 않았습니다.

사실 예전 향토사 연구는 특정한 전공을 한 학자들이 연구한 것이 아닙니다. 자기 지역에 관심을 가진 향토사학자, 즉 전설이나 민담을 연구하거나 지리적 연구를 하거나 고서를 번역해서 자기 지역 연구를 하고 있는 사람들이 지방문화원마다 조직된 향토사연구소에서 활동을 해왔습니다. 전문적인 학자나 연구자들이 향토사연구소의 연구 결과를 뒤집는 경우도 있었어요. 그런데 왜 그런 자료들이 현실적으로 활용되지도 않고 사업화되지도 않았는가? 첫째, 많은 자료가 있음에도 불구하고 이 부분을 활용할 수 있는 한국문화원연합회 단위의 전국 프로그램을 만들지 못했다는 것이고, 둘째는 '향토사 대중화 사업'과 같은 것들을 한 적은 있지만 그 자체가 사업적으로 좋은 성과를 내지 못한 것입니다. 예를 들어 콘텐츠 활용이란 것이 아이들과 체험하는 수준이나 단순한 이벤트성 활용에 그쳤고, 콘텐츠를 각색하거나 다른 형태의 멀티미디어콘텐츠로 활용하지 못한 측면이 있습니다. 또한 지방문화원 내부의 인력 구조 문제가 있을 수 있는데, 3~4명이라는 절대적으로 적은 인원으로 문화원을 운영해야 하는 데서 오는 어려움입니다. 물론 인력이 적다하더라도 '개방형 플랫폼'으로서 유연하게 외부 기획자나 지역 문화예술단체와 적극적으로 네트워크를 만들면서 콘텐츠를 활용할 수 있는 여지를 만들어나갈 수도 있습니다. 그렇지만 문화원은 내적으로 인력도 부족하고, 외적으로 유연한 개방성도 없다보니 이 자료를 활용할 수 있는 기회를 많이 갖지 못했다고 생각합니다. 81

고영직   문화원 안팎의 문제가 동시에 작용했다는 말씀이신 것 같은데요. 지금 지방문화원 실태 조사를 하고 계신데 전국 단위에서의 향토문화에 대한 실상은 어떻고, 또 경기도만의 특징적인 현상이 있나요?

신동호   전국적으로 보면 1만 3000종 정도가 향토문화 자료로 발간되었고, 개별 문화원 기준으로는 평균 57종입니다. 자료를 별도로 보관하고 있는 데가 84%, 별도 보관을 하면서 자료실을 운영하는 데가 77%, 자료 목록을 구축한 곳이 70%, 그중 대출 가능한 곳이 65% 정도입니다. 자료실이 잘 갖춰져 있어야 활용이 가능한데 아직은 문화원의 개방성이 부족합니다. 이와 관련해 예전부터 정부에 향토사자료관, 지역학자료관을 제안한 적이 있습니다. 도시재생 사업 때문이든 특정 지역 연구를 하려고 할 때 '지역 읽기'를 하려면 자료 구하기가 쉽지 않아요. 자료를 한곳에서 볼 수 있는 데가 없고, 문화원 발간 자료 또한 국제표준도서번호(ISBN)로 등록한 것이 아니어서 국회도서관에서도 보기 어렵습니다. 자료를 보려면 지방문화원에 직접 찾아가서 대출하거나 한 권밖에 없을 때는 문화원에서 봐야 했거든요. 그래서 향토사자료관 또는 지역사자료관을 만들자고 한 것입니다. 자료의 질이 다르긴 하겠지만 지역별로 분류해서 모아두고, 유형별 검색이 가능하도록 하여 연

82

구 자료로 활용할 수 있도록 라키비움(larchiveum) 기능을 가진 공간을 만들자는 이야기를 했었습니다. 저는 자료들을 아카이브하면서 전문적으로 재분류하고, 데이터베이스(DB)화하고, 필요한 경우 디지털화하는 것을 병행해야 한다고 주장했는데, 실제로는 잘 안됐고, 여전히 과제로 남아 있는 것 같아요.

향토문화 활용과 관련해서는 한국학중앙연구원 주관으로 〈한국디지털향토문화전자대전〉 사업이 진행되고 있는데, 검색엔진에 많은 비용이 든다고 알고 있어요. 기존 향토지의 경우, 한자를 보면 그 어원을 잘 알 수 있는 데다 인문지리, 전설 등을 다룰 때 행정구역을 넘어 통합적인 접근을 하거나 골짜기 골짜기마다의 이름과 이야기들이 풍부합니다. 그런데 〈한국디지털향토문화전자대전〉의 경우 한자가 많이 사라지고 읽기 편하게 만들면서 굉장히 많은 부분이 소실된 데다, 목록 구성 또한 그다지 편하지 않습니다. 지명 유래 등도 행정단위별로 나누어져 있거나 관련 키워드로 검색해야 해서 종합적이고 연관성이 있는 읽기가 어렵게 되어 있어요. 과거 사진, 지도 등의 활용도 부족하고, 새롭게 찍은 마을 사진들도 마을을 제대로 담아내지 못한 경우가 더러 있어요. 디지털화를 통해 향토문화를 손쉽게 이용할 수 있도록 하겠다는 취지는 좋지만, 체계적인 아카이브를 위한 목록 구성이 지역마다 차이가 있어 향토문화를 박제화하는 결과를 낳지 않았나, 원본(原本)을 많이 훼손하지 않았나 하는 생각도 조심스레 듭니다.

경기지역 향토문화의 발전 방향 모색

고영직   경기도만의 특이 사항은 따로 없었습니까?

신동호   경기도가 다른 광역단체와 큰 차이가 있다고 보기는 힘들 것 같고요. 그럼에도 불구하고 광역연합회의 활동이나 역할을 가장 잘 수행하고 있는 곳 중 하나라는 점은 확실합니다.

문화원형의 현재적 의미화

고영직   원자료를 가지고 현대화한다고 했을 때 단순히 쌓여 있다고 콘텐츠로서의 의미를 갖는 것은 아니라고 봅니다. 어떤 자료가 문화 콘텐츠로서의 의미를 갖는지 따져볼 필요가 있을 것 같습니다.

신동호   먼저 원자료를 활용하는 방법에 대해 생각해 볼 수 있습니다. 현재는 두 가지 방법이 있는데, 하나는 그것을 재현해서 명확한 해석을 보여주는 경우고, 다른 하나는 문화예술적으로 다른 매체나 미디어로 표현되면서 예술적 심미성을 추가해 재가공하는 경우라고 봅니다. 첫 번째는 보다 깊이 있는 연구 작업이 필요하고, 지역 간 비교분석을 하거나, 다른 사료를 찾아서 좀 더 구체화하거나 학제적 연구를 덧붙이는 작업이 필요합니다. 두 번째는 원형콘텐츠를 문화예술 콘텐츠로 만드는 경우인데, 대중적인 재현 중심으로 가다 보니 굉장히 고답적

84

이고 고루한 경향이 있고, 깊이 없는 단순한 체험 형태로 풀어 나가는 경우가 많은 것 같습니다.

문화원형을 활용한다는 것은 '융합적인' 작업이 되어야 한다고 봅니다. 프로세스로 보면 같이 작업하는 사람들이 어떻게 표현할 것인가에 따라 다르겠지만, 각자의 분야에서 작업을 하는 사람들, 예를 들어 큐레이터가 함께 새로운 접근을 통해 활용 방안을 만든다든가, 예술가와 협력하여 표현의 방법을 새롭게 한다든가, 미디어적으로 새롭게 구현한다든가 이런 부분을 융합적으로 사고해야지, 단순히 옛날 것을 읽고 따라 해보거나 그것을 재현해보는 것은 현재성을 가질 수 없습니다. 예를 들면 전통 복장을 한번 입었다 벗는 것에서 그치는 것이 아니라 현재적으로 어떤 복장으로 거듭날 수 있을지 고민해보고 미디어적으로 만들어가는 융합적인 과정이 있어야 하지 않나 생각합니다. 필요하다면 원 소스 멀티 유즈(One Source Multi Use, 하나의 콘텐츠를 여러 매체에 활용해 파급 효과를 노리는 문화 산업 전략) 방식을 추진할 수 있는 여러 가지 작업들이 병행되어야 콘텐츠로서 활용 가능합니다. 하지만 실제로 이런 방법으로 콘텐츠에 접근하는 것 자체가 우리나라에서 흔치 않습니다. 문화예술교육 현장에서도 단순 체험, 재현, 따라 하기 형태에 여전히 머물러 있는 것과도 관련 있습니다.

또 다른 문제는 향토사에 대한 포커스의 문제인데, 향토사 연구가 근대 이전에 멈춰 있다는 것입니다. 한 100년 이상쯤 되어야만 역사라는 생각 때문에 지역의 역사를 바라보는 관점이 근대 이전에 멈춰 있습니다. 그러다 보니 '당대 연구'가 거의 안 되어 있는 것이 큰 문제입니다. 조선 시대 사료에 등장하는 지역이나 오랜 세월 전승되고 구전된 것에 대한 연구도 중요하지만 근대사 연구도 중요합니다. 일제강점기, 독립운동, 6·25전쟁, 새마을운동 등 이런 역사는 정리가 되었어도 지역사회 판점에서의 역사는 정리되어 있지 않습니다. 6·25전쟁의 경우만 봐도 지역에서 벌어진 국가 전쟁, 전투라는 측면에서만 정리되었지 수많은 할머니나 할아버지들의 전쟁에 대한 기억, 마을이 겪어낸 전쟁 이야기들은 거의 없잖아요? 어디에서 몇 명이 죽었는지 이런 것만 기록되었고, 실제로 민중들이 겪었던 전쟁에 대한 기억은 거의 사장(死藏)되어 있습니다. 저는 향토사 연구에서 부족한 지점이 당대(當代)에 대한 연구 부족이라고 생각합니다.

고영직   조금 과격하게 얘기하면, 영국의 역사학자 에릭 홉스봄(Eric Hobsbawm) 같은 사람은 우리가 알고 있는 전통이라는 것은 거의 '날조된 역사' 내지는 '만들어진 전통'이라고 주장합니다. 그런 의미에서 지금의 향토사 연구가 너무 '근대 이전'에 멈춰 있다는 주장은 상당히 일리 있는 비판입니다. 우리가 알고 있는 전통이라는 게 불과 100년도 채 안 되는 얕은 역사인 경우가 많잖아요? 2017년 부산에서 작품 활동하는 조갑상이라는 소설가가 『병산읍지 편찬약사』(창비, 2017)라는 소설집을 냈습니다. 이 책을 퍽 인상적으로 읽었습니다. 한국전쟁 당시

'국민보도연맹 사건'을 다룬 내용인데, 소설 내용은 '병산읍'
이라는 가상의 읍이 승격된 지 몇십 주년을 맞아 전쟁의 역사
를 기록하고 서술한다는 얘기입니다. 읍사 편찬을 위해 편찬
위원회를 구성하는데 어느 역사학자가 국민보도연맹에 대한
주류적·보수적 역사 해석을 거부하고 진보적으로 기술하면서
문제가 빚어진다는 설정입니다. 이 소설은 여전히 당대의 시
각에서 역사 서술을 소홀히 하고 있다는 비판에서 자유롭지
못한 지금의 우리에게도 환기하는 바가 적지 않습니다. 결국
신 소장님의 말씀은, 향토사 연구에서 지금 보관되어 있는 콘
텐츠를 어떻게 현재적으로 의미화해야 하는지에 대해 시사점
을 주는 것 같습니다. 연구 방향이 중요할 것 같은데요, 그렇
다면 당대의 역사를 향토 사료로서 새롭게 주목하고자 한다
면 어떤 가치로 해석해야 하는 걸까요?

신동호   결국은 우리가 역사를 바라보는 관점에 문제가 있는 것
같아요. 역사 해석의 주체가 누구인가를 보면, "역사란 과거와
현재의 끊임없는 대화"라고 카(Edward Hallett Carr)가 말하기도 했
지만, 최근에 읽은 유목민 역사에 대한 책을 보면 레비-스트
로스(Claude Lévi-Strauss)는 유목민사를 "자기 역사를 갖지 못한(기
록하지 못한) 차가운 사회"라고 말하더군요. 한편 우리는 너무 인
류학자 혹은 실증사학적인 역사 연구의 관점에 익숙해져 있
는 것 같습니다. 그렇다면, 사람이 느끼는 감정과 기억은 무엇
인가 하는 고민이 생깁니다. 예전에 구술(口述) 전성시대를 보

면 감정과 기억을 다 이야기하잖아요? 근데 우리는 단순하게 실증(實證)되지 않았거나 진본(眞本)이 없으면 역사가 아니라는 생각을 가지고 있어요. 결국에 원본과 진본의 문제는 전통문화를 바라보는 관점의 문제와 연결되는데, 결국 지극히 물화(物化)된 사고방식이라고밖에는 할 수 없습니다. 생각해보면 똑같은 맛일 수가 없고 똑같은 의상일 수가 없는데 전통이라는 이름 아래 동일해집니다. 실제로는 옷을 만드는 사람이 누구냐에 따라서 약간의 차이가 있을 수밖에 없죠. 어찌되었든 역사를 실증사학적으로만 보려는 관점에 문제가 있다고 생각합니다.

또 하나는 개인의 기억에 대한 것입니다. 요즘 기억 연구도 많이 하지만, 역사를 구체화하는 방식은 개인사에 의한 역사 구축으로 가야 한다고 저는 생각합니다. 특히나 마을사나 지역사·향토사에서 더더욱 중요하다고 생각합니다. 6·25전쟁만 해도 그 시기를 겪은 분들과 얘기를 나누다 보면 저마다 장면이 다르잖아요. 개인의 기억이 존재하고, 마을이나 지역이 겪은 기억이 있다면 개인사가 마을사가 되고, 마을사가 지역사가 되고, 지역사가 모여서 국가나 민족사가 되는 것처럼 개별의 장면들이 있어야 하는데, 이것을 지우고 학자들이 기록한 역사를 우리는 반복해서 학습하도록 강요당해왔잖아요. 이런 측면에서 개인이 당대를 감당했던 기억들이나 물건, 공간들을 연구하는 것이 저는 필요하다고 생각합니다.

그래서 '근현대 인물 만인보(萬人譜)'를 만들자는 얘기도 했습니다. 지금 당장 활용하지 않더라도 만 명의 생애와 삶의 도구, 공간, 음식, 일상까지 자세히 기록할 필요가 있습니다. 우리는 갈수록 표준화, 일반화되고 있어요. 욕구도, 먹는 음식도 표준화되어가고 있기 때문에 복수적이고 다양한 삶의 양식들에 대한 관점이 더더욱 중요하고, 이러한 작업은 지역적 삶을 이해하는 근간이 될 수 있습니다. 더구나 인류 역사의 마지막 구술 세대가 살아왔던 근현대의 삶의 이야기를 지금 좀 더 체계적으로 연구하지 않으면 안 됩니다. 지금 노인들이 돌아가시면 그 시기를 놓치게 됩니다. 전국 단위로 이 작업을 하다 보면 공통성과 차별성이 분명히 있을 것이고, 지역 단위의 삶이 존재할 텐데, 그 지역 연구가 당대를 살고 있는 사람, 살았던 사람을 통해서 기록되고 정리되는 것이 일차적으로 있어야 하고, 그다음에 마을 단위의 변동 과정이 기록되어야 할 것입니다. 그런 측면에서 소위 말하는 압축적 성장기, 새마을운동 이런 부분까지도 이제는 지역에서 연구하고, 지역별 새마을운동의 방식과 진행 과정이 정리될 필요가 있습니다.

마지막으로 연구의 관점만 바뀌는 것이 아니라, 문화예술 기획자나 예술가들의 참여를 통해서 다른 형태의 콘텐츠로 끊임없이 재생산되거나 활용될 수 있는 융합적 기획들이 함께 있어야겠죠. 기록하고 남기는 것도 중요하고, 이것을 다시 재해석하고 연구할 수 있도록 만드는 것도 필요합니다. 콘텐츠가 융합적으로 현재성을 가질 수 있도록 만들고 활용하는 작업들이 병행되어야 하지 않을까 생각합니다.

고영직　우리가 전(前)근대라고 말하는 시기의 큰 특징 중 하나는 우연성입니다. 어쩌면 근대는 우연성을 지속적으로 거세해온 역사라고 할 수 있습니다. 이반 일리치(Ivan Illich) 같은 학자도 말했지만 우리가 비근대, 전근대라고 치부하는 민중들의 기억 속에 담겨져 있는 삶의 우연성이라는 요소는 상당히 중요합니다. 소위 스토리텔링이나 문화콘텐츠를 만드는 과정에서도 간과되어서는 안 되는 중요한 특이 사항입니다. 그런데 이 우연성의 가치가 지금의 향토문화 연구에서는 간과 내지는 결여된 것 아닌가 싶습니다. 이런 우연성의 가치를 지금이라도 새롭게 주목하면서 그동안 쌓아온 문화원형들을 문화기획자나 예술가와 융합직인 기획을 통해 재해석하는 과정도 필요하고, 당대 역사를 기록하는 과정이 필수적으로 요청되는 것 같습니다.

신동호　저는 경기도문화원연합회가 의지가 있다면 이런 부분부터 치고 나갔으면 좋겠다고 생각합니다. 제가 재미있게 본 것 중 하나로 제주도의 '다랑쉬오름'에 대한 설명이 있습니다. 어느 마을을 가 봐도 바위 하나를 두고 이 사람과 저 사람이 바위의 지명과 유래를 두고 다투는 경우가 허다합니다. 다랑쉬오름도 마찬가지로 여러 해석이 존재했습니다. '다랑쉬라는 이름의 유래에 대해서는 여러 가지 설이 있으나 마을의 북사면을 차지하고 앉아 하늬바람을 막아주는 다랑쉬오름의 분화구가 마치 달처럼 둥글게 보인다 하여 다랑쉬라 불여졌다는 설(說)이 가장 정겹다'라고 설명하고 있습니다. 맞고, 틀리고가 아니고 '정겹다'라고 표현한 것이지요. 저는 이 표현을 보고 깜짝 놀랐습니다. '아, 이게 지역을 바라보고, 사람의 삶을 바라보는 관점이어야겠구나' 생각했습니다. 개인의 기억은 이럴 수도 있고 저럴 수도 있잖아요. A라는 사람과 B라는 사람이 같이 겪었던 일임에도 불구하고 다르게 기억될 수 있다는 것이죠. 우리는 사실에만 집중하고 중요하게 생각하는데, A와 B와 C의 기억의 공존을 같이 다룰 수 있는 관점이 필요하다고 생각합니다.

고영직 좋은 지적이십니다.

신동호 결국, 근대의 국가주의적 담론이 '맞다, 틀리다'는 결론을 내도록 만들지 않았는가 생각합니다. 제가 마을에서 제일 많이 하는 이야기가 '국가가 없어져도 마을은 지속된다', '마을이 국가보다 더 오래되었다'라는 말입니다. 우리는 더러 500년, 1000년 이상 지속된 마을에서 살고 있지 않습니까? 그러나 국가는 여러 번 바뀌었어도 마을의 삶의 양식이나 지리적 범위, 바위나 산, 나무는 그대로 있습니다. 그랬을 때 국가란 과연 우리에게 무엇인가 생각해볼 수밖에 없다는 거죠.

고영직 그런 국가주의 담론을 단적으로 확인할 수 있는 게 지금의 행정 지명인 것 같은데요. 일테면 파주의 경우 지금도 있는

지 모르겠지만 엘지디스플레이에서 만든 LCD공장이 있는 곳의 도로명이 '파주LCD로(路)'예요. 이런 행정적 폭력은 그 지역의 장소성 자체를 아예 지워버리는 거죠.

신동호   사실 문화체육관광부와 지방문화원이 회의할 때 지명(地名) 복원 작업을 지방문화원에서 하면 좋겠다는 이야기가 나왔습니다. 그냥 복원만 하는 게 아니라 지명석(地名石)을 만들거나 예술가와 결합해서 조형물을 만들거나 하는 형태로 해보자는 제안이었어요. 저 유서 깊은 봉화군에 '파인토피아로(路)'가 있어요. 소나무와 유토피아가 파인토피아가 된 것 같습니다. 그런 것처럼 저희 집이 있는 도로도 '국채보상로(路)'인데 집에 갈 때마다 국채를 갚아야 될 것 같은 기분이 듭니다.(웃음) 하지만 제가 사는 동네는 느린 마을이라는 뜻의 '만촌동(晚村洞)'이라는 마을 이름이 따로 있어요. 삶의 공간성이 분명히 있고, 공간에 대해 느끼는 느낌이 분명 있을 텐데, 도로명으로 바꿈으로써 그조차도 환기하지 못하게 되는 거죠.

고영직   문화원에서 향토문화 자료를 아카이브만 하지 말고, 어떻게 활용하고 더 연구하고 현재적으로 의미화할 것인가에 대한 숙제가 있는 것 같습니다.

신동호 앞에서 언급했지만, 지방문화원이 유연한 조직 즉 개방형 플랫폼 형태로 변하지 않으면 지금의 상황으로는 변화하기가 거의 불가능하다고 봅니다. 조직에 사람을 늘려서 업무를 가져가는 방식보다는 '플랫폼 형태'로 가야 한다고 생각합니다. 이것은 문화재단도 마찬가지예요. 좋은 사업이 있으면 이 사업을 잘할 수 있는 민간 파트너와 협업 구조를 만들어서 민간과 함께 성장하는 민간 생태계를 만들어야 하는데 끊임없이 민간 생태계를 실험대에 올려놓고 개인과 단체를 경쟁하게 만드는 형태의 지원 구조로는 지역 생태계를 만들어가기가 어렵습니다. 개인과 단체는 경쟁하지만 그 경쟁의 수월성, 차별성이 어디 있는지도 모르면서 누구는 되고, 누구는 안 되는 상황이 계속 반복되는 것이 문화예술 지원이라면 전면적으로 바뀌어야 합니다. 지방문화원이 일을 하는 방식도 물론 경우에 따라서는 아웃소싱을 하긴 하지만, 지금 있는 직원들이 행정관리를 하고 지방문화원에 위임된 사항을 전달하는 일만 해도 바쁩니다. 그런 상황에서 특정한 사업을 할 때 정말 잘할 수 있는 문화기획자 등과 협업 구조를 짜고 이들이 협업해서 진행할 수 있도록 많은 자료들을 같이 보고 연구하고 해석해서 그것을 다시 문화예술 프로그램으로 만드는 과정들이 되어야 하는 거죠. 그렇게 하려면 인원을 충원하는 것보다 사업 자체를 '개방형 플랫폼' 형태로 진행하는 것이 더

93

현실성 있다고 생각합니다. 타 문화예술 기관도 마찬가지이고요. 민간을 경쟁시켜서 우월적 지위를 갖는 단체와 조직을 만들어내는 이런 방식으로는 결코 문화 생태계가 성장할 수 없습니다.

이런 문제를 정책 차원에서 풀기 위해 저는 계속 '지역단위 문화위원회'를 만들자고 주장합니다. 최소한 100명 이상이 참여하는 문화위원회를 만들어야 합니다. 문화 정책은 시민과 함께해야 하거든요. 예술계가 참여하고, 문화기획자와 공공 기반 시설, 민간 시설, 시민사회단체 그리고 10~20명 정도는 제비뽑기해서 시민들이 참여할 수 있도록 해야 재단뿐만 아니라 다른 기관들도 정책 결정의 당위성을 획득할 수 있고, 향후 문화 예산의 당위성도 확보될 수 있다고 봅니다.

이번 실태조사를 통해 지방문화원 발전 방안에서 다룰 예정이지만, 제가 지방문화원에 대해 가장 강하게 하는 주장은 이렇습니다. 지금의 지방문화원은 원장을 중심으로 한 '비합리적 아비튀스(Habitus)'가 지배하는 조직이라는 것입니다. 물론 그렇지 않은 문화원도 많이 있고, 원장이 바뀐다고 되겠냐는 말도 하지만, 저는 문화전문가들이 문화원과 함께할 수 있도록 문화재단 같은 다른 문화 기관들처럼 원장 유급(有給) 공채 제도로 가는 것도 하나의 방안이라고 봅니다. 이사회 구조도 시민평의회처럼 문화예술단체, 시민단체나 일반 시민이 참여해 지방문화원의 공공성을 강화하는 것이 보다 좋은 방법이 아닌가 생각합니다. 아울러 지방문화원이 백화점식으로 이런

94

저런 지원 사업을 수행하는 것보다 전통문화, 향토문화에 더 초점을 맞추는 것, 전통문화, 향토문화를 발굴하고 활용하는 데 기반한 사업들을 기획하면서 전통문화, 향토문화에 대한 권위를 더욱더 갖는 기관으로 거듭나는 것도 중요하다고 봅니다.

고영직 경기도문화원연합회 차원에서도 방금 말씀하신 개방형 플랫폼 구조로 가기 위한 인력 구조를 위해서 '마을큐레이터 양성' 같은 사업도 하고 있고, 향토문화연구소의 내실화를 위해 노력하고 있는데, 자세한 속사정은 모르지만 상당히 어려움을 겪고 있는 것으로 알고 있습니다. 분권 시대를 맞았고, 자치 시대를 맞아 지역에서 여러 사업들을 수행할 만한 인력 문제가 부각됩니다. 말씀하신 개방형 플랫폼 구조로 가려면 지역의 역량도 매우 필요한 것 같습니다.

그럼 다시 첫 번째 질문으로 돌아가서, '전통문화냐, 향토문화냐'에 대한 근본적인 문제 제기와 공론화가 필요하지 않을까 싶습니다. 제가 주목하는 것은 프랑스의 인류학자 마르크 오제(Marc Augé)가 이야기하는 '지금 여기의 문화인류학'이라는 관점이 필요하다는 겁니다. 오제는 '비장소'(非場所, non-lieux, non-places)라는 말을 씁니다. 어쩌면 비장소라는 말에서 향토문화와 전통문화에 대한 새로운 접근 방식을 찾을 수 있겠다는 생각이 듭니다. 아까 근대에 와서 거세된 가치 중 하나인 삶의 우연적인 요소들, 우연성이라는 것이 어떻게 우리 삶에서 복원되어야 할까 하는 관점에서 콘텐츠나 사업을 기획해야 하지 않나 싶습니다. 또 문화원형이라는 말도 좀 이상합니다. 모든 게 섞이고 섞여서 탄생한 것이 문화 아닙니까? 어쩌면 우리 안에 있는 딱딱하고 견고한 생각의 틀을 부숴야 하지 않을까 싶네요. 그러려면 균열을 내는 작은 실천들이 필요한데 혹시 최근에 주목해서 보신 사례가 있다면 이야기해 주시죠.

신동호 다시 돌아가서 전통문화, 향토문화를 바라보는 국가주의적 태도나 물화된 사고, 이런 것들을 어떻게 걷어낼 것인가 하는 방법을 찾아야 한다고 생각합니다. 특정 개인의 눈높이 혹은 지역 내부의 연구자의 눈높이에 대한 고민이 필요합니다. 결국 지역 연구는 자기 지역을 말하고, '나'에 대한 사유 과정이 될 텐데 그런 부분을 어떻게 알리고, 지역민과 어떻게 공유할 것인가의 문제가 있는 것이죠. 우리가 이런 지역에 살고 있다는 것이 단순히 어떤 동(洞)에 살고 있다는 것이 아니라 자기 삶의 서사 속에서 지역의 서사가 녹여지는 과정이 있어야 된다는 생각이 들어요. 삶의 장소성과 비장소성이 분명 공존하는데 그런 부분에서 이미 발굴된 콘텐츠를 지역민과 공유하고 해석하는 과정이 무엇보다 중요하다는 것이지요. 그럼에도 불구하고 우선적으로 진행되어야 할 것은 근대 이후의 삶을 연구하는 것입니다. 그것은 결국 나, 이웃, 혹은 우리 마을에 대한 관심일 텐데 '나'가 아닌 것을 드러내면서 온전한 '나'를 찾는 방식이 아니라 '나'와 관련된 수많은 '타자'를 발견하는 방식으로 가야 합니다. 그것이 가능하려면 결국은 내 삶이 독특한 혼자만의 삶인 것 같지만, 사실 수많은 타자들이 녹고 어우러져서 만들어진 삶이란 것을 인정해야 될 것이고, '나' 아닌 '타인'에게서 '나'를 발견하고 '이웃'을 발견하는 것들이 필요하겠죠. 그래서 저는 경기도라도 먼저 이 근현대적 삶을 살고 있는 사람들, 시민들의 이야기, 주민들의 이야기, 이런 것들이 지역의 서사로 녹아서 구축되었으면 좋겠다는 생각이 듭니다.

고영직 　오늘 나눈 대화를 통해 구체적인 답은 아니더라도 경기도문화원연합회 산하 향토문화연구소 활성화 방안이라든가 지방문화원의 사업 방향에 대한 중요한 힌트를 얻을 수 있을 것 같습니다. 아까 말한 마르크 오제의 '비장소' 개념 또한 우리에게 익숙한 장소의 기억뿐만 아니라 급변하는 문화 변동 시대에 비장소의 미래 또한 중요하다는 점에서 '지금 여기의 문화인류학'이란 관점을 도입할 필요성을 제기하는 것 아닌가 싶습니다. 오늘 긴 시간 내주셔서 감사합니다.

전통문화인가,
향토문화인가

'경기 향토문화연구의 패러다임 변화를 위하여'

········· 최영주 경기도문화원연합회 사무처장

이 글은 경기향토문화연구소가 향후 어떤 원칙과 방향, 즉 어떤 로드맵을 가지려 하는지에 대해 경기도문화원연합회의 구상을 공유하고, 협의하고자 2018년 7월 2일부터 3일까지 이틀 동안 개최한 경기도문화원연합회 부설연구소 경기향토문화연구소 워크숍에서 발표한 내용을 재구성한 것이다. 〈편집자 주〉

경기도문화원연합회 산하 향토문화연구소 워크숍이 개최되기까지 약 5년의 시간이 걸렸다. 그동안 경기도문화원연합회는 참 열악한 환경이었고, 그것을 극복하고자 지금까지 지방문화원과 함께 협력 구조를 만들어내는데 많은 공을 들였다. 무엇보다

대외적(특히 경기도에서의) 위상 확립을 위한 브랜드 사업 개발에 우선적으로 공을 들여왔다. 그러다 보니 '문화원'이 가진 본연의 브랜드 가치, 향토문화 연구에 힘을 덜 쏟았던 것도 사실이다. 물론 경기도문화원연합회의 노력만으로는 한계가 있기도 했다. 5년 전 지역 연구, 향토문화, 역사 연구의 큰 틀을 잡고 드라이브를 걸었던 적이 있었다.

당시 경기도문화원연합회의 체력이 거기까지 미치지 못했다는 자체 평가를 바탕으로 어쩌면 때를 기다리고 있었는지도 모르겠다. 안정적인 조직, 직원들의 역량, 문화원 간 네트워크 구축, 문화단체(특히 재단)와의 협력 구조 마련, 경기도청과의 관계 개선(역량 평가 등)이 그것이다. 그리고 무엇보다 중요한 것은 지방문화원의 안정과 역량 강화가 전제 조건이 되어야 했다. 그러나 아직 해결하고 개선해야 할 것들이 많은 것도 사실이다.

문제의식 그리고 합의해야 할 문제들

1. '지역문화원'인가, '지방문화원'인가.
2. '향토문화'는 '지역문화'인가, '전통문화'인가.
3. '전통'은 반드시 '역사적'이어야 하는가.
4. '전통'과 '역사', '향토'와 '민속'은 어떻게 다른가.
5. '지역학연구소'인가, '향토문화연구소'인가.

더 많은 문제의식이 필요하겠지만, 우선은 위의 5가지 고민부터 해결해야 한다. 중요한 점은 위의 5가지 질문에 대한 합리적 합의 구조가 그동안 문화원에 없었다는 것이다. 첫째, 지역학, 향토문화 연구 관련 용어를 개념 정리하기 전에 '지역인가, 지방인가' 정답을 찾는 과정에서도 해결해야 할 것들이 많다.

'지역문화원'이라는 개념을 선택했을 때, 지방문화원진흥법을 지역문화원진흥법으로 명칭부터 바꿔야 한다. 그리고 법을 바꿨을 때 기존 지역문화진흥법과의 상관관계를 어떻게 설정해야 하는지에 대한 정리 역시 필요하다. 즉, 지역문화진흥법이 제정되면서 그 법을 집행하기 위한 대표법인인 지역문화진흥원이 만들어졌고, 그 법에 근거하여 광역 단위, 기초 단위 문화재단 설립의 근거가 마련되었다. 지방문화원진흥법을 '지역문화원진흥법'으로 개정한다고 가정했을 때, 경기도문화원연합회가 지역문화진흥원과 경기문화재단, 기초(수원, 화성, 부천 등) 문화재단과 동일한 지역 내 위상과 법적 힘을 가지면서 대등한 협력 관계 및 기획이 가능할까?

기존 지방문화원의 조직 구조나 역량이 아직 거기에 미치지 못하고 있다. 경기도문화원연합회도 마찬가지다. 때문에 '지역' 개념을 도입하는 것이 '맞다'라고 주장하는 순간, 법 개정부터 시작해야 하는데 지금 지방문화원은 아직 준비가 되어 있지 않다. 그렇다면 우리는 지금부터 '어떤 준비'를 해야 하는가. 바로 이 지점에서 이견이 존재한다. 각자 다른 의견들이 논쟁 과정을 거쳐 합의를 도출해야 하는데, 그 구조가 없다는 것이 그동안 지방문화원의 한계다. 개념이 반드시 진실이어야 할 이유는 없지만 중요하다. 어떻게 개념 설정을 하느냐에 따라 목적과 방향이 달라지기 때문이다. 다만 다양한 개념 또는 논리가 합리적 논쟁을 거쳐 원만한 합의를 하는 과정이 지금 문화원에는 필요하다.

지방문화원, '전통문화' 활성화인가 '향토문화' 활성화인가

위 질문이 이분법적 선택의 문제는 아니다. 그러나 어느 것에 방점을 찍느냐에 따라 문화원의 향후 방향이 많이 달라질 수 있다. 여기서 말하고자 하는 것은 한국에서 전통문화를 바라보는 관점은 국가 브랜드, 이미지에 초점이 맞춰져 있다는 것이다. '한국적'이라는 개념에는 '전통'이라는 개념이 함의되어 있기 때문이다. 즉, 지역(지방)문화원이 전통문화 활성화의 기치를 건다는 것은 지역 단위를 넘는다는 것을 의미하며 국가 단위, 민족 단위의 사업 구상이 필요하다는 의미로 해석될 수 있다. 이 지점이 그동안 지역(지방)문화원이 '다 빼앗겨왔다'는 피해 의식이 작동하는 지점이다. 즉, 국가의 문화적 브랜드는 지방문화원이 감당할 수 있는 부분이 아니기 때문이다.

한편 향토라는 개념은 아직 사전적 정의가 없다. '향토'라는 개념이 독일어 하이마트쿤스트(Heimatkunst)의 일본식 번역어라는 주장도 있다. 그러나 중요한 것은 향토가 태어난 곳(birthplace), 토속적(native), 고향(hometown), 특정 지역(local)의 의미를 내포하고 있

101

다는 점에서 지역(지방)문화원이 지향해야 할 지역특성화와의 연결 지점이 생긴다. 향토문화를 활성화한다는 것은 특정 지역(district)의 토속적 고향 의식을 고취한다는 의미로 정리할 수 있기 때문이다.

전통문화와 향토문화를 비교해서 말하고자 하는 맥락은 전통문화의 영역이 지역(district)을 넘어서는 자연환경, 한국적 이미지, 신화, 역사 유적, 역사 문화 인물, 문화재 등이라고 한다면, 향토문화의 영역은 지역의 풍속사, 생활사, 민담 설화의 영역이 중요하기 때문이다. 지역(지방)문화원은 문화 유적, 문화재, 역사 문화 인물 등이 교집합을 이루는 부분에 집중해왔고, 그동안은 지방문화원 차원에서 감당하기 어려운 규모(예를 들면 수원 화성, 구리 동구릉 등)가 되면 지자체나 정부 단위에서 막대한 예산을 들여 소위 전문가들이 '전통문화'적 맥락에서 국가 브랜드화, 콘텐츠화했지만 그 과정에서 지역(지방)문화원은 배제되는 과정을 반복해왔다. 이 점이 그동안 지역(지방)문화원이 느끼는 피해 의식의 근원이 아닐까 생각한다.

지역(지방)문화원은 항상 '과거'를 다룬다 : 시간의식을 재정립하자

현재가 만약 언제나 존재하는 현재이고, 과거로 이행하지 않는다면 이미 현재[시간]가 아니고 영원이다. 그리고 현재의 시간은 마음속에 아로새겨진 것으로서, 과거의 현재인 기억, 현재의 현재인 직관 혹은

102

지각, 미래의 현재인 기대로 이루어진다.

에그문트 후설(Edmund Husserl), 『시간의식』 중에서

그동안 지역(지방)문화원은 과거를 전제로 하는 전통문화를 말해왔다. 그렇기에 지역(지방)문화원은 항상 '과거'를 다뤄왔다. 브렌타노(Franz Brentano)는 이렇게 말한다. "시간 술어들은 비실재적 술어들이며, '지금'이라는 규정만이 실재적이다. 과거나 미래는 관념적이고 비실재적이다." 이와 같은 관점에서 보면 지역(지방)문화원은 그동안 실재하지 않는 환상, 관념을 부여잡고 있는 것이다.

우리는 '지금'을 살고 있기 때문에 바로 이 지점에서 '향토문화'를 말하고자 한다. 현재를 통해 과거를 기억하고 미래를 기대하는 것, 전통문화와 향토문화 담론에서 이야기하고자 하는 것이다. 과거를 기억하는 것은 바로 '지금, 여기'에 의미 부여를 위해서이다. 현재는 끊임없이 과거가 되며, 현재를 기록한다는 것은 다음 세대에게 '고향'을 만들어주는 것에 다름 아니다. 그러므로 향토문화 연구를 한다는 것은 '지금, 여기' 살고 있는 사람에게 집중해야 하며, 과거를 현재로 소환(현재화)해서 과거의 기억이 '지금, 여기'에 어떤 의미로 작용하도록 하며, 지역 사람들의 공동체 회복에 기여하며, 사람과 사람이 만나는 커뮤니티가 지역을 어떻게 디자인하게 될 것인가를 기대(미래)하는 것이다.

그렇기 때문에 '지역특성화'라는 키워드가 중요하다. 현재 추진되고 있는 개헌의 중요 포인트는 '분권과 자치'다. 권한을 나

전통문화인가, 향토문화인가

눈다는 것과 지역 스스로 자기 결정권을 갖게 한다는 것이다. 다시 말해 중앙집권형에서 지역분권형으로의 전환을 의미한다. 지역을 연구한다는 것은 다른 곳과 구분되는 어떤 지역성을 발견하는 것이다. 지역의 향토문화를 연구한다는 것은 그곳에 살고 있었던 지금도 살고 있는 사람, 그리고 삶에 집중하는 것이다. 그러므로 향토문화 연구는 다른 지역(region)과 구별되는 특정 지역(local)에서 태어나 토착(native)의 문화를 연구하는 것이고, 그것을 통해 지역 사람에게 '애향심'을 고취시키는 것을 말한다.

정리하자면 향토문화 연구는 과거와 현재를 연결시켜 미래를 디자인하는 것이다. 그리고 과거를 현재화하고, 현재를 축적하여 미래를 만드는 것이다. 그리고 각 지역의 '지역다운(지역특성화한)' 것들을 생활권, 문화권과 연결시키는 일(네트워크), 그것이 경기도문화원연합회 그리고 경기향토문화연구소의 미션이다.

세계 속의 대한민국이라는, 어쩌면 공허하게 들리는 슬로건에서 이제는 '세계'에 집중하는 것이 아니라 '속'에 집중하고, '대한민국'에 집중하는 것이 아니라 국가를 구성하는 '지역'에 집중하는 것이 현재의 패러다임이다. 다른 나라와 구별되는 특별하고 좋은 문화, 다른 장소와 구별되는 특별하고 좋은 지역문화를 일구는 것, 이것이 지역(향토) 문화 연구의 방향이라고 생각한다.

박제된 향토사를 소생시키는
또 하나의 방법

········· 이
상
섭

소
설
가

**'부산 지역의 지리와 역사를 되살린
스토리텔링을 중심으로'**

옛날 시골 어느 집 처마 밑에 제비 한 쌍이 날아들었단다. 제비 부부
는 의좋게 살면서 새끼를 여섯 마리나 쳐서 길렀지. 그러던 어느 날
이었어. 어미 제비가 시름시름 앓다가 그만 죽고 말았구나. 수컷 제
비는 슬픔을 안고서도 혼자서 열심히 먹이를 물어다가 새끼를 길렀
단다. 한데 혼자 자식을 기르기 힘들었던지 며칠 뒤 수컷 제비가 암
컷 제비를 둥지로 데려왔지 뭐냐. 이후 두 마리 제비는 열심히 먹이
를 물어다가 새끼에게 먹였단다. 그 모습을 지켜보던 집주인도 마음
이 흐뭇했었지. 그런데 이상하게 사흘째 되는 날부터 새끼 제비들이
한 마리씩 마루에 떨어져 죽어 나가더란다. 그게 이상해서 한번은 집
주인이 죽은 새끼들의 목을 살펴보았단다. 그랬더니 글쎄 목에 엄나
무 가시가 잔뜩 들어 있었다지 뭐냐. 그렇게 여섯 마리가 죄다 죽은
후에야 제비 부부는 다시 새끼를 쳤단다. 집주인은 이번 새끼들이 또

105

어찌 되려나 싶어 제비 둥지를 살폈단다. 그랬는데 새로 태어난 새끼들은 한 마리도 죽지 않고 잘 자라더니 어미와 함께 훌쩍 강남으로 날아갔다는구나.

사람들은 왜 이런 이야기를 지어내는 것일까. 그냥 "제 자식은 세 어미가 길러야 제대로 자란다"고 해도 될 일을 군이 이렇게 장황하게 만든 이유는 과연 무엇일까. 이유는 의외로 간단하다. 구체성을 띠면 띨수록 사람의 뇌리 속에 오래 남기 때문이다. 그러니까 이야기를 만드는 작업은 어떤 사실을 사람들의 기억 속에 오래 각인시키기 위한 하나의 방법인 것이다. 이렇게 이야기가 뇌리에 각인되면 사람들은 스스로 행동으로 옮기기도 한다. 우리가 이야기를 읽고 현장을 직접 찾아가보고 싶어 하는 욕망을 추동하는 것도 기실 이야기가 갖는 힘인 셈이다.

이야기가 있으면 슬픔도 견딜 만하다

한 지역의 지리와 역사, 문화 등도 객관적 서술보다 '이야기화'하는 것이 훨씬 전달력이 강하고 오래간다. 하여 각 지방자치단체에서도 이를 십분 활용, 지역 소개와 함께 관광객 유치에 나서기도 한다. 부산시도 마찬가지다. 어느 날 부산시가 주축이 되고 언론사와 유관 기관까지 의기투합, (사)스토리텔링협의회란 것을 만들었다. 그러더니 프로젝트 하나를 내게 의뢰해왔다. 그게 바로 오륙도가 한눈에 내려다보이는 '신선대'에 얽힌 역사를 소재로 하여 한 편의 이야기를 만들어달라는 거였다. 문제는 신선대에 얽힌 역사적 자료였다.

이상한 나라의 배 한 척이 표류하며 동해 용당포 앞바다에 닿았습니다. 그 사람들은 모두 코가 높고 눈이 파랬습니다. 그들에게 국호와 표류하여 닿게 된 연유를 한나라, 청나라, 왜국, 몽골의 언어로 물어보았으나 모두 알지도 이해하지도 못했습니다. 붓을 주어 글을 써보라고 하였더니 글자의 모습이 구름이 핀 산과 같았고 그림을 그려도 알 수가 없었습니다.

조선왕조실록에 수록된 경상도 관찰사 이형원이 올린 보고서다. 이때가 1797년 10월 14일(정조 21년)의 일로 조선인과 영국인의 첫 조우였던 셈. 하지만 이 짧은 내용만으로는 어떻게 이야기를 풀어나가야 할지 난감했다. 그런데 그런 고민을 일거에 해소해준 것이 있었으니 그게 바로 윌리엄 로버트 브라우턴(William Robert Broughton)이 쓴 항해일지다.

1804년 영국에서 발간한 항해일지를 발굴한 이는 고(故) 김재승 박사다. 그가 직접 번역까지 한 항해일지에 의하면, 이양선은 87톤급 범선인 프로비던스호였고, 10월 14일부터 21일까지 8일간 신선대 일원 용당포(지금의 부산시 남구 용호동)에 정박했다는 것과 브로우턴 함장과 선원들은 북태평양 탐사 항해 중 식수와 나무 연료의 부족으로 정박지를 찾아 표류하다 부산까지 오게 된

신선대(한국향토문화전자대전)

2부 향토문화의 개념 재정립을 위하여

사연이 상세히 기록돼 있다. 그리고 브라우턴 함장은 자신의 일지에 "이른 아침 낯선 우리 배를 보기 위해 호기심에 찬 남자, 여자, 어린이들을 가득 태운 작은 배들이 우리 배를 둘러쌌다. 그들은 누볐거나 이중 천으로 된 흰 무명천의 헐렁한 상의와 바지를 입고 있었다"라며 조선 사람들을 처음 본 소감까지 적어놓고 있다.

만약 브로우턴의 항해일지를 발굴하지 못했다면 나의 이야기는 어떻게 전개되었을까. 「저기 둥둥 떠 있던」은 미흡하기 짝이 없는 팩션(faction)으로 전락하지 않았을까. 이번 작업을 계기로 자료의 발굴과 조사가 얼마나 소중하고 중요한 일인지 깨달았다고나 할까. 역사적 자료를 연구하는 일은 역사가의 일이다. 하지만 그 역사적 가치를 되새기는 역할은 문화 관련 종사자들이 해야 할 일이다.

민중구술사 작업 『굳세어라 국제시장』

부산의 역사를 이야기로 만드는 작업을 의뢰받기 시작한 것은 아마 『굳세어라 국제시장』(2010) 발간 덕분이 아닌가 싶다. 『굳세어라 국제시장』은 국제시장을 일군 피란 1세대 상인 18명을 취재하여 묶은 일종의 민중구술사이다. 다만 다른 르포집과 차이가 난다면,

109

이런 구술 내용을 그대로 실은 것이 아니라 나름 독자들의 가슴에 와닿도록 다양한 소설 형식을 차용하였다는 점이다. 아마 그런 덕분에 『부산일보』에 연재되는 내내 독자들의 관심을 끌었는지 모르겠다.

『굳세어라 국제시장』을 펴낸 후 알게 된 건 아무도 이런 작업을 시도한 적이 없다는 기였디. 있어봤자 동사무소에서 편찬한 소책자 형식의 자필 수기가 전부였다. 향토사학자에 의해 국제시장 일대를 기점으로 한 파란만장한 역사는 제대로 잘 정리되어 있지만 정작 이곳에 발 디디고 살아간 민중들의 이야기를 제대로 채록하지 못했다는 걸 알게 된 순간, 나는 적이 놀랐다. 여태까지 문화 관련 단체에서는 무엇을 했단 말인가. 역사의 주체가 인간이고, 인간의 삶이 문화양식으로 전승되는 것이 아닌가. 그런데 이런 작업을 하지 않았다니.

물론 처음부터 내가 한 일이 꽤나 무모한(?) 작업이었다는 것은 몰랐다. 발간 이후 각종 텔레비전 방송사에서 방송 출연과 취재 문의가 쇄도하는 순간, 이게 얼마나 어렵고 귀한 작업인지를 알았다고나 할까. 하긴 나조차 취재하러 다닐 때, 취재원을 확보하지 못해 헛걸음을 몇 번이나 하지 않았던가. 그러니 이 같은 작업은 결코 개인이 혼자 할 수 있는 일이 아니다. 뜻을 같이하는 사람들이 모여 공동작업을 하지 않으면 안 된다.

민중들의 개인사는 또 하나의 역사다. 그러므로 민중구술사는 그 지역의 역사를 풍부하게 만드는 자료다. 이런 향토사를 채집하고 기록하는 일은 누가 해야 할까. 문화단체 종사자들은 말한다. 이제 웬만한 역사와 지리, 자료들은 모았으므로 발굴할 것이 없다고. 하지만 과연 그럴까. 이 땅에 발 디디고 산 사람의 수만큼 많은 이야기가 아직 발굴, 조사되지 않았을 뿐, 없는 것은 아니다. 그럼에도 조사할 게 없다고 한다면 그건 문화원의 존재 자체를 부정하는 것이 아닐까.

사슴선각무늬토기 이야기, 2차 문화콘텐츠로 꿰어야 보배가 된다

신선대의 역사를 소재로 한 팩션 「저기 둥둥 떠 있던」이 한 달여 『국제신문』에 연재된 후, 부산시립박물관으로부터 의뢰가 들어왔다. 부산에서 출토된 역사적 유물을 소재로 이야기 작업을 하고 싶다는 거였다. 하여 내가 맡은 유물이 영도 동삼동 패총(貝塚)에서 발굴된 '사슴선각무늬토기'였다. 사슴의 모습을 단순한 선으로 새긴 이 토기 조각에 담긴 문화적 의미를 연구관으로부

사슴선각무늬토기

박제된 향토사를 소생시키는 또 하나의 방법

터 듣는 순간, 난 놀라지 않을 수 없었다. 이 조각 하나에 그런 수많은 이야기가 담겨 있을 줄은 몰랐던 것이다. 이 작은 조각 하나를 통해서 이곳에 살던 사람이 사슴을 숭배하는 신앙을 가지고 있었으며, 새겨진 선의 모양이 반구대 암각화와도 연결될 수 있다는 말에 적이 충격을 받았다. 그렇다면 경주 천마총에서 발굴된 사슴뿔 문양의 왕관도 이곳 토기 조각과 연결될 수 있겠구나, 반구대의 암각화를 새긴 기법이 이곳 영도에도 영향을 미쳤다면 신석기 시대 사람들도 결코 고립되어 살아가지는 않았겠구나, 등등. 그러다 보니 내 상상은 끝없이 날아올랐다. 그러다가 가장 먼저 떠올린 것이 '버드나무'였다.

고래(古來)로 이별하는 그림에 버드나무가 많이 쓰이는 것은 버들 류(柳)가 머물 류(留)와 음이 유사하기 때문이다. 하여 나는 반구대에 살고 있는 부족(部族)의 남자에게 시집가는 누이를 떠나지 말고 여기 그대로 머물러달라는 간절한 의미를 담고 있는 소도구로 활용하기로 했다. 뿐만 아니라 신석기인들이 주인공이므로 이들이 사용한 언어 또한 아직 미분화되었을 거라는 추정하에 그 모어(母語)를 재구성하여 활용했다. '그믐달'을 '검은달'로 표현한 것은 그런 고민의 흔적들이다. 하지만 문제는 또 있었다. 당시 신석기인의 생활상을 어떻게 이야기 속에 리얼하게 담아내느냐였다. 그리하여 참고 문헌들을 읽는 순간, 난 몇 번이나 뒤통수를 얻어맞는 기분이었다. 신석기 시대라고 해서 결코 미개인이 아니었음을 깨달았으니까. 그들이 이용하는 재료와 도구가 오늘날과 같이 세련되지 못했을 뿐 나무와 돌 등을 생활에 활용하고 있다는 점에서 현대인과 다를 바가 하나도 없었으니까.

박물관 유물 프로젝트를 수행하면서 얻은 게 하나 있다. 우리 속담에 "구슬이 있어도 꿰어야 보배"라는 말이 있듯이, 아무리 많은 자료가 있어도 가공하지 않으면 무용지물이란 점을. 내가 쓴 사슴선각무늬토기 이야기는 단지 1차적 자료의 가공에 불과할 뿐이다. 이를 다시 뮤지컬, 영화, 연극, 마당극, 웹툰, 애니메이션, 무용 등으로 다시 재가공해야 그 문화적 가치를 확보할 수 있다. 하여 문화원에서는 이런 이차적인 문화 창조 작업을 위한 프로젝트 수행에도 앞장설 필요가 있다.

'꽃'의 도시 피렌체에서 르네상스를 생각하다

얼마 전에 '꽃'이라는 의미를 담고 있는 이탈리아 피렌체를 방문한 적이 있다. 그러니까 내가 지금껏 썼던 부산 지역의 인물과 역사, 지리와 문화 등에 대한 이야기를 묶은 『거기서 도란도란』(2018)이란 책을 펴낸 다음이었다. 6년여간의 작업의 결과물을 묶자 머리도 식힐 겸 훌쩍 떠났던 그곳에서 아직도 활짝 피어 있는 르네상스의 꽃을 만났다. 거리 곳곳이, 아니 도시 전체가, 하나의 거대한 꽃밭이었다. 아무렇지도 않게 서 있는 조각품들과 광장들. 단테, 조토, 브루넬레스코, 레오나르도 다 빈치,

113

라파엘로, 미켈란젤로, 베르디, 푸치니의 고향이기도 한 피렌체. 어쩌면 이들이 자신의 재능을 발휘할 수 있었던 것은 메디치 가문이 있었기에 가능한 일이 아니었을까. 만약 어린 미켈란젤로가 돌을 갖고 노는 것을 보고 그 재능을 간파한 메디치 가문이 없었다면 바티칸궁의 〈최후의 만찬〉과 같은 그림은 탄생하지 못했을 것 아닌가. 그랬기에 나는 베키오궁전 앞에서 한없이 무연한 눈길을 주며 서 있었는지 모른다.

지역의 문화 발전 또한 지원 없이는 불가능하다. 그렇다고 국가가 주도하는 지원은 바람직하지 않다. 국가가 주도하는 중앙집권적 지원은 지역의 중앙 종속만 야기할 뿐이다. 지역이 죽으면 문화의 다양성도 함께 죽는다. 음식을 예로 들어보자. 전국 각지의 음식이 똑같은 맛을 간직하고 있다면 어떻게 될까. 굳이 그곳까지 시간과 돈을 들여가며 찾아가서 음식을 먹을 필요가 있을까. 그 지역에 가야만 맛볼 수 있는 색다른 맛이 우리를 그곳으로 향하게 하는 것이다. 문화 또한 마찬가지다. 그 지역만의 독특한 문화가 우리로 하여금 발걸음을 하게 만드는 것이다. 그러므로 지역문화원에서는 지방자치단체, 지역 소재의 기업과 메세나 사업을 통해 안정적이고 꾸준한 재원을 확보해야 한다. 그런 다음 재원을 바탕으로 지역의 문화 자원을 십분 활용하여 문화를 창달하는 다양한 방법을 고민하고, 이를 담당할 재능 있는 이를 발굴, 지원해나가야 한다. 이것이 어쩌면 지역문화원의 존립 이유이지 않을까.

지역에서 향토문화연구를
한다는 것

.... 신대광 안산향토문화연구소 소장
경기향토문화연구소 연구위원

주민과 함께 『사동에 살다』 출간

　공단 도시, 다문화 도시로 널리 알려진 안산에서 20년 넘게 살다 보니, 이제 지역을 조금 알 수 있게 되었다. 좀 더 잘 알기까지는 시간이 더 걸리겠지만, 그래도 지역을 이해하는 일이 이제는 낯설지 않다. 현재 안산의 인구가 약 73만 명인데 이 중에서 토박이는 2만 명도 채 되지 않기 때문에 안산은 '이주민의 도시'라고 할 수 있다. 거주하고 있는 사람들만 본다면 다양한 지역 출신의 사람들이 모여 살고 있을 뿐만 아니라 외국에서 온 사람들이 최근 부쩍 늘어 가히 '문화의 용광로'라고 할 수 있겠다. 그렇다 보니 자기 출신 지역의 문화를 이곳에 이식할 수도 없을뿐더러 다양한 문화가 어우러지는 일도 쉽지 않다. 그렇지만 무엇

115

『사동에 살다』 출판기념회(2017. 11.)

2부 향토문화의 개념 재정립을 위하여

보다도 먼저 안산 지역의 역사와 문화를 이해하는 일이 선행되어야 한다.

그동안 문화원 향토사연구소를 중심으로 지역의 역사를 연구하고 발굴, 복원하는 노력을 해왔다. 그 일은 지역을 이해하는 기초적인 일이었지만, 지역 정체성을 찾는 작업이기도 하였다. 최근에는 각 마을을 중심으로 전개되고 있는 마을 만들기 사업에 전력을 다하고 있다. 그동안 수많은 문제를 안고 있던 위로부터의 사업이 아닌, 아래로부터의 사업을 만들기 위해 직접 마을로 들어가 마을 사람들을 만나고, 모임을 조직하고, 함께 공부하고, 결과물을 만들어냈다.

예를 들면 안산시 상록구에 있는 사동 마을이 대표적이다. 3년을 작정하고 마을 작업을 진행하였다. 첫해에는 마을 사람들을 만나 함께 공부하며 답사하고, 이듬해에는 지역 사람들을 만나 인터뷰하고 구술 기록 및 영상 기록을 하였다. 3년 차에는 함께 모여 자료를 정리하고 글을 정리하였다. 처음부터 모든 일에 지역 주민들이 앞장서게 하였다. 그래서 3년 차에 『사동실록』이라는 알찬 결과물을 만들어 책으로 출판하였다. 작업하는 과정에서 힘들고 어려웠던 일도 많았지만, 외부 전문가의 도움 없이 마을 주민들이 끝까지 해주었다. 이 일로 인해 마을 주민들은 보이지 않는 마을의 큰 자산을 얻게 되었고, 마을의 자산이 무엇인지 알게 되었다. 그리고 지금은 마을 박물관을 세우기 위한 더 큰 꿈을 만들어가고 있다.

어른들의 고향은 안산이 아닐지라도 한창 자라고 있는 지역의 아이들은 자라는 곳이 곧 그들의 고향이다. 고향은 평생 간직하고 살아갈 마음의 안식처이기 때문에, 아이들에게 고향의 추억을 아름답게 만들어주어야 하지 않을까.

반쪽의 역사를 넘어

그동안 우리의 역사 공부는 중앙사, 국가사로 불리는 중앙의 역사만을 공부해왔다. 왕과 귀족의 역사, 즉 지배자의 역사를 주로 공부해온 것이다. 그래서 역사는 나와 동떨어진 것이고, 내가 역사의 주체가 될 수 없었다. 지난 역사의 흔적을 가만히 살펴보면 수많은 전쟁과 사건들 속에 중요한 역할을 담당했던 민중들의 역사는 부각되지 않았다. 그저 민란이나 전쟁에 동원된 군인들의 숫자에 불과했다. 그렇지만 역사의 물줄기를 바꾸어놓은 것은 민(民)의 힘이 아닌가. 개인은 작았지만 함께 힘을 합쳐 큰 힘을 만들어내지 않았던가. 역사 속의 개인은 작은 벽돌 하나밖에 안 되는 존재이지만, 그 작은 벽돌들이 모여 큰 건물이 되는 것이 아닌가.

지난 역사교육은 그 민중의 역사를 가르치지 않았다. 일부러 가르치지 않았던 것은 아닐까? 그렇다면 지금부터라도 그 반쪽의 역사를 공부해야 하고 가르쳐야 한다. 비록 지금 내가 살고 있는 곳에서 태어나거나, 자라지 않았을지라도 지역이 가진 역사적 전통과 문화는 무시할 수 없다. 특히 나이가 어린 학생들이

나 아이들일수록 더 큰 영향을 준다. 내가 살고 있는 지역의 역사는 곧 현재 나의 정체성을 찾는 데 중요한 역할을 하고, 현재의 삶을 풍요롭게 하기 때문이다.

많은 사람들은 늘 중앙을 바라보고 있다. 그곳이 어디인지 정확하지 않지만, 언젠가는 그곳으로 갈 것을 생각하며 현재의 삶을 과정으로 생각한다. 즉 현재는 '스쳐가는' 삶일 뿐이다. 그러다 보니 지금 내가 있는 곳은 나의 삶에 아무런 의미가 없다고 생각한다. 그런 생각을 탓할 수는 없지만 과연 그 삶에 종착지가 있을까? 현재의 삶을 종착지라고 생각할 때 지금 내가 살고 있는 곳이 중요해진다. 지역을 알고 공부함으로써 지역을 바꿀 수 있고 그것은 곧 내 삶을 바꾸는 일이 된다.

지역과 향토

최근 많은 논란이 되고 있는 용어 중에 향토, 지방, 지역 등이 있다. 자기가 살고 있는 지역을 어떻게 표현해야 하는지 어려움이 많다. 많은 학자들의 연구 성과와 여러 주장이 있기 때문에 어느 의견을 중심으로 말하기 어렵다. 다만, 오랫동안 사용해온 '향토'에 대한 생각과 '지역'에 대한 짧은 생각을 정리해보고자 한다.

먼저 '향토'라는 개념이 과거 우리 역사 속에서 어떻게 이해되어 왔는지 살펴보았다. 언제부터 사용되어 왔는지 정확히 알 수

는 없지만, 『고려사』와 『조선왕조실록』에 정확하게 그 용어가
사용되었다. 『조선왕조실록』에 언급된 향토를 소개하면 다음과
같다.

> 태종실록 33권, 태종 17년 윤5월 28일 계미 5번째 기사 1417년 명 영
> 락(永樂) 15년, 각종 역사 중지, 보충군의 입역 개선, 제언 수축 등에
> 관한 우사간 최순의 상소

> 一, 民不土著則無以保其生矣° 今補充軍本居外方者十之七八, 嘗在
> 其鄕, 完聚妻子, 力農以生, 尙或負債, 僅不失業° 況離鄕土′棄妻子, 齎
> 糧番上, 旅寓於京, 而從役不暇哉? 一至糧盡, 則不堪其苦, 逃役歸家, 隨
> 卽移文徵闕, 以立役爲限, 家貧不能自備, 稱貸而納, 因此失産者多矣°

> 1. 백성들이 토착(土着)하지 못하면 그 생명을 보전할 수 없는데, 오늘
> 날의 보충군(補充軍)은 본래 외방(外方)에서 살던 자가 10에 7~8이나
> 됩니다. 일찍이 그 고향에 있을 때에는 처자(妻子)를 완취(完聚)하여 힘
> 껏 농사하며 살았어도 혹 부채(負債)를 지게 되고 겨우 생업(生業)을 잃
> 지 않았는데, 하물며 향토(鄕土)를 떠나 처자(妻子)를 버리고 양식을 싸
> 가지고 번상(番上)하러 서울에 여우(旅寓)하며 객지에서 역사에 종사
> 함에 겨를이 없는데야 말해 무엇하겠습니까?

또 다른 자료를 살펴보면 다음과 같다.

120

세종실록 112권, 세종 28년 4월 30일 정묘 2번째 기사 1446년 명 정통(正統) 11년, 공법·입거·축성·의염의 법 등에 관한 사간원 우사간 변효경 등의 상소문

一, 東西兩界入居之法,實邊良策,然本人等旣離鄕土,又於道路,扶老携幼,艱苦莫甚,以興怨咨° 時未入居者,意謂來秋入居,不務農桑,徒增鬱抑,以傷和氣,姑停是擧,以安民心°

1. 동서(東西) 양계(兩界)에 입거(入居)시키는 법이 변방을 실(實)하게 하는 좋은 법이기는 하나, 본인(本人)들이 이미 향토(鄕土)를 떠나고, 또 도로(道路)에서 늙은이를 부축하고 어린이를 이끌어, 고생이 막심하여 원망과 탄식을 일으키며, 아직 입거(入居)하지 않은 자도 오는 가을이면 입거할 것이라 생각하여, 농상(農桑)을 힘쓰지 않고 한갓 억울(抑鬱)함만 더하여 화기(和氣)를 상하니, 아직 이 시행을 정지하여 민심을 편안케 하소서.

이렇듯『조선왕조실록』에서 '향토'에 대한 언급을 여럿 발견할 수 있다. 그런데 실록에 언급된 '향토'는 어떤 의미로 사용되었는가가 중요하다. 실록 내용으로 본다면 '향토를 떠난다'는 것은 '고향을 떠난다'는 의미이다. 즉, '향토'의 의미는 '고향'이다.

'향토사 연구'라는 뜻이 자기가 태어나 자란 곳을 연구하는 토박이 연구자들에게는 부합하는 의미이다. 그렇지만 해당 지역 출신자가 아닌 연구자(고향이 아닌)가 연구를 한다면 '향토사'가 아

니다. 그렇다면 '지방사 연구'인가? 여기서 근본적인 의미를 찾아본다면, 지방사의 '지방'이라는 의미가 '중앙'에 대비되는 개념이기 때문에 상하의 의미로 이해된다. 오랜 세월 중앙집권적인 정치체제가 뿌리 깊게 남아 있는 우리 역사에서 지방은 늘 차별의 대상이었고, 수취의 대상이었고, 지배의 대상이었다. 이렇게 중앙과 지방이 균등하지 못하기 때문에 '지방사'라는 용어는 거북하다. 또한 중앙의 개념으로 이해되는 '서울'도 '서울 지방'이 아닌가. 예를 들면 '서울지방법원'이 그렇다. 그렇기 때문에 더더욱 '지방'이라는 의미는 사용하기 어렵다.

최근 연구자들 사이에 널리 사용되고 있는 '지역사'라는 용어는 그나마 객관적이고, 각 지역을 균등하게 바라보는 입장으로 이해된다. 물론 지역사가 모든 용어를 대표하는 것은 아니고, 앞으로 많은 연구가 되어야 한다고 생각한다.

지역 연구, 오늘이 역사다

지방자치제가 본격적으로 시행된 지 20여 년이 지나면서 지역에 대한 연구도 크게 성장하였다. 그 중심에는 각 지역의 문화원이 큰 역할을 하였다고 본다. 그리고 지금도 지역에 대한 연구와 지역문화 창달에 많은 노력을 경주하고 있다고 생각한다.

그런데 최근 들어 지역에 대한 연구는 문화원이 최고라고 말하기 어려운 상황에 이르렀다. 지역별로 연구단체가 많이 생겨났고, 박물관, 미술관, 기념관 등 관련된 여러 기관에서도 지역에 대한 연구가 활발하게 이루어지고 있다. 여기에 더하여 각 문화원에서 진행하고 있는 다양한 문화 프로그램이 다른 기관에서도 이루어지고 있기 때문에 차별성이 떨어지고 있다. 더욱이 문화원 특성상 새로운 일을 하기에는 구조적으로 어려움이 많다. 특히 예산과 인력 문제는 늘 발목을 잡는다. 물론 모든 지역이 다 그런 상황이라는 것은 아니다. 몇몇 앞서가는 지역에서는 다양한 콘텐츠를 개발하여 새로운 수요를 창출하고 있다.

많은 지자체에서는 지역의 인물을 찾아 선양하고, 지역을 특성화하기 위해 애를 많이 쓰고 있다. 그래서 많은 지역 축제가 생겨났고, 'ㅇㅇ기념관' 등이 세워지고, 지역 브랜드가 등장하였다. 분명 의미 있는 일이고, 지역의 특성을 찾으려는 노력이라고 할 수 있다. 그렇다 보니 늘 새로운 아이템을 찾으려고 노력을 한다. 이러한 일에 지역문화원과 향토사연구소도 예외는 아니라고 생각한다.

그러다 보니 중요한 일을 놓치고 있는 것은 아닐까. 새로운 것은 어느 날 어느 순간에 나타나는 것이 아니고, 오랜 연구와 축적된 자료에서 나오는 것이라고 생각한다. 매일 쏟아지는 지역 관련 자료들이 있다. 지역 연구 논문, 서적, 신문, 사건, 행사 등 많은 자료들이 그냥 버려지고 있는 것은 아닐까? 체계적으로 기초 자료를 수집하는 시스템이 갖추어져야 한다. 누군가는 해야 한다고 생각하지만 아무도 하고 있지 않는 일이다. 지금 당장 활용하지 않는다 하더라도 자료를 분류하여 정리해두면 훗날 다

123

른 연구자가 훌륭하게 사용하리라 생각한다. 오늘의 수고가 미래에는 열매로 나타나지 않을까?

'향토음식',
과연 존재하는가?

········· 주영하 한국학중앙연구원
한국학대학원 교수

〈경향신문〉 1978년 1월 20일자 '여적(餘滴)'이란 칼럼에 이런 글이 실렸다. "교통망과 매스컴의 발달로 전국이 1일 생활권으로 압축되고 생활양식에 혁명이 일어나고 인스턴트식품 인공조미료 등이 판을 치는 일면에서 집 안의 장독대가 축소되고 있는 마당에 이 '고유음식 찾기'의 노력이 얼마만큼 알찬 결실을 맺게 될지가 문제인 것 같다." 이 글은 마침 당시 교통부에서 '고유음식찾기위원회'를 문화재 전문위원·민속학자·요리 전문가들로 구성하여 향토의 고유 음식 찾기에 나서게 했고, 지역 관광호텔에서는 지정된 '향토음식'을 식단에 의무적으로 오르게 하겠다는 정책을 제시한 데 대한 평론이었다. 그로부터 무려 40년이 지난 지금, 이 평론은 여전히 유효한 것처럼 보인다.

125

2부 향토문화의 개념 재정립을 위하여

향토음식, 본래 일본에서 생긴 용어

사실 '향토음식'이란 용어는 일본에서 생겨난 것이다. 일본의 민속학자 야노 게이이치(矢野敬一)는 일본의 '향토음식'이란 말은 본래 '명물요리(名物料理)'에서 나온 것이라고 주장한다. 그는 1928년 잡지 『슈후노토모(主婦の友)』 1월호에서 '전국의 민중적 명물요리'에 대한 투표가 이루어진 사실에 주목한다. 이 행사의 취지서에는 향토의 이야기를 담고 있는 명물요리가 지방마다 한두 개씩은 있기 마련이라면서, 그 지방 출신의 민중들이 '맛 있는 것'이라고 여기는 것을 독자 투고를 통해서 집계하고, 그 중에서 가장 많이 투고한 것을 선정하여 '명물요리'로 선정하겠다고 했다.

그런데 그렇게 집계된 명물요리는 결코 일반 가정에서 조리하여 먹는 '가정요리'가 아니라는 것이 문제였다. 근대가 제공한 관광과 연결되어 타자에 자신을 부각시키려는 목적에서 개발된 것이 바로 명물요리였던 것이다. 1928년에 잡지 『슈후노토모』에서 시도한 지방의 '명물요리' 발굴은 이윽고 조선의 잡지에서도 등장했다. 그러나 식민지 상황에서 투표를 한 것이 아니라, 서울에서 활동하던 문인들이 자신의 고장 음식을 하나씩 뽑은 결과였다. 바로 1929년 12월 1일자 잡지 『별건곤』에 실린 「진품(珍品)·명품(名品)·천하명식팔도명식물예찬(天下名食八道名食物禮讚)」이란 글이다.

그 제목을 원문 그대로 옮기면 다음과 같다. 「사시명물(四時名

物) 평양냉면(平壤冷麵)」(김소저(金昭姐)),「사랑의 떡 운치의 떡 연백(延白)의 인절미」(장수산인(長壽山人)),「대구의 자랑 대구의 대구탕반(大邱湯飯)」(달성인(達城人)),「천하진미(天下珍味) 개성(開城)의 편수」(진학포(秦學圃)),「괄세 못 할 경성(京城) 설넝탕」(우이생(牛耳生)),「충청도(忠淸道) 명물(名物) 진천(鎭川) 메물묵」(박찬희(朴瓚熙)),「진주명물(晉州名物) 비빔밥」(비봉산인(飛鳳山人)),「전주명물(全州名物) 탁백이국」(다가정인(多佳亭人)),「진품중(珍品中) 진품(珍品) 신선로(神仙爐)」(우보생(牛步生))

　　여기에서 말하는 '명식물'의 '명(名)'은 유명하다는 뜻이고, 식물(食物)은 일본어 '다베모노(食べ物)'로 한국어로 음식이다. 곧 팔도에서 이름난 음식 9가지를 소개한 칼럼인 셈이다. 각각의 글을 집필한 필자의 이름은 필명(筆名)도 있고, 실명도 있다. 필명 중에는 지방의 지명이나 특징적인 음식과 관련된 것이 많다. 가령 신선로는 '우보생', 설렁탕은 '우이생'으로 재료와 관련된 이름이다. 또 '다가정인'이나 '비봉산인'은 그 지방의 명소를 이름으로 붙인 필명이다.

　　앞에 나오는 경성·평양·개성·대구·진주·전주 등지는 1910년대 이후에 근대도시적 모습을 갖춘 곳이다. 동시에 조선 시대에도 행정 타운의 중심지 기능을 가지고 있던 읍치(邑治) 소재지였다. 결국 이들 지역에 근대적인 음식업이 자리를 잡았고, 그것이 잡지 『별건곤』에서 팔도의 명식물로 예찬 대상이 되었던 것이다.

　　평양냉면은 당시에 이미 서울로 진출하여 사시사철 먹을 수 있는 음식이었다. 본래 겨울에만 먹던 냉면이 당시 서울에 있었

128

『별건곤』
(국립민속박물관)

던 냉동 시설 덕분에 여름에도 얼음을 구할 수 있었고, 여기에
아지노모토(味の素株式会社)의 인공조미료가 더해져서 여름 '서울
냉면'이 된 결과였다. 채소를 넣고 만든 만두인 편수(片水)는 이미
음식점에서 판매되어 인기를 누렸다. 인절미도 떡집에서 판매되
는 음식이었다. 대구탕반은 대구 육개장을 가리키며, 설렁탕과
함께 가장 손쉽게 끼니를 해결할 수 있는 음식점 메뉴였다. 당시
진주에서 비빔밥을 판매하던 음식점은 지금까지도 영업을 한다.
그 사정은 모주 한 잔에 콩나물국밥을 먹는 전주의 탁배기국도
마찬가지다. 진천의 메밀묵은 메밀묵밥을 가리킨다.

'향토음식', 과연 존재하는가?

1960~1980년대 '향토음식' 교육 : 농어촌 주부 계몽

중일전쟁 이후 일본에서는 식량 부족에 대한 대책으로 '향토
음식'이란 개념이 다시 등장했다. 앞에서 소개했던 야노 게이이
치에 의하면 1940년에 대정익찬회(大政翼贊會)란 조직이 발족되었
고, 국민 전반을 대상으로 한 식(食)의 기준을 만들었는데, 그것
이 바로 국민식(國民食)이라고 한다. 동시에 각 지방 고유의 식량
사정에 대한 관심으로 인해서, 대정익찬회는 1941년에 '향토색
이 짙은 국민식' 개념을 만들어냈다. 특히 전시체제에서 절미(節
米)·대용식(代用食)·혼합식(混合食)이 강력하게 요구되면서 각 지방
에 뿌리를 둔 먹을거리로서 '향토음식'이 재인식되었다. 곧 전시
상황 중 지방에서 음식을 소비하는 방식을 조사하고, 그것을 통
해 식량 위기의 해결책을 강구하려는 의도로부터 '향토음식'이
란 담론이 1940년대 초반 일본에서 만들어졌던 것이다.

식민지와 한국전쟁, 그리고 극빈의 시대를 겪은 한국 사회는
적어도 1970년대 중반까지 '향토음식'을 사회적 담론으로 만들
어내지 못했다. 경부고속도로가 개통되고 경제개발의 혜택을 받
기 시작한 1970년대 후반이 되어서야 '향토음식'에 대한 정부의
관심이 생겨났다. 특히 전두환 정부가 주도한 '국풍81' 축제는
'향토음식'을 사회적 담론으로 끌어내고, 서울에서 지방의 이른
바 '명물음식'을 맛볼 수 있는 기회를 제공해주었다. 각 시도에
서 행정부서 주도로 지역을 대표하는 '향토음식'이 선정되었고,
그것을 판매하는 전문적인 '먹자촌'이 축제의 현장인 서울 여의

전국 대학생 민속·국학 큰잔치

1981.5.28-6.1여의도광장

주최 : 한국신문협회
주관 : 한국방송공사
후원 : 고려대학 민족문화연구소

'국풍81' 포스터

도에 개설되었던 것이다. '국풍81'에 관람자로 참여한 사람들은 아직 전국을 모두 다녀보지는 못했지만, 매스컴을 통해서 알고 있었던 '향토음식'을 한꺼번에 맛볼 수 있었다.

사실 '향토음식'에 대한 기초 조사는 이미 1969년부터 시작되었다. 당시 문화재관리국에서는 한국문화인류학회와 공동으로 『한국민속종합조사보고서』 발간 사업을 수행했다. 전라남도에서부터 시작된 이 보고서 발간 사업에는 '식생활' 항목이 있었다. 그러나 조사 기간이 짧아서 충분한 자료를 수집하는 데 어려움이 있었다. 결국 1984년 『한국민속종합조사보고서』 제15책으로 '향토음식편'이 발간되었고, 앞의 미진한 내용을 보완하게 되었다. 이들 보고서에는 적어도 산업화와 도시화 이전의 '향토음식'이 담겨 있다.

한편 1970년대부터 농촌진흥청에서 실시한 '향토음식'에 대한 자료 수집도 있었다. 그런데 문제는 이 자료 수집의 목적이 농촌 주부의 계몽에 있었다는 점이다. 당시 정부에서는 농어촌 여성을 대상으로 식생활을 개선할 목적으로 '향토음식'의 요리법을 표준화시키려고 했다. 1977년 9월 1일에 여성문제연구회에서 개관한 '한국여성의집'에서 시행한 교육 프로그램에도 '향토음식'이 포함되었다. 당시 정부의 지원을 받은 '향토음식'의

131

요리 강좌는 다분히 농어촌을 중심으로 무지몽매한 여성을 계몽하여 진정한 '주부(主婦)'로 만드는 데 목적을 둔 '식생활개선' 운동이었다.

로컬푸드 시스템 구축이 바로 21세기형 '향토음식' 이다

한국에서의 '향토음식' 담론은 1970년대 전국적인 생활양식의 통합과 산업화와 도시화의 경향에 대한 반대급부로 생겨난 것이다. 그것이 1980년대에 들어와서 관광의 대상으로 인식되면서 '향토음식'은 지역 경제를 살릴 수 있는 하나의 대안으로 떠올랐다. 더욱이 외식산업에서 지역성을 내세운 음식점이나 메뉴의 확산과 1990년대 이후 전국을 대상으로 한 관광을 통한 지역 경제 활성화는 일정한 관련을 가진다.

그렇다면 지금 이미 일상적인 용어로 자리를 잡은 '향토음식'에 대해서 다시 한번 생각을 해 보아야 하지 않을까? 전국 어디를 가도 비슷한 음식점이 즐비한 오늘날 한국 사회에서 과연 '향토음식'이 존재할까? '향토음식'이란 말은 상업적 용어에 지나지 않는 것은 아닐까? 포항의 향토음식으로 유명한 과메기의 주재료인 꽁치는 대부분 외국산이다. 강원도 평창의 황태는 러시아에서 수입한 동태로 만든다. 나주 영산포와 목포의 삭힌 홍어 중에는 국내산이 드물다. 이러니 무엇을 '향토음식'이라고 규정할 수 있을까?

132

나는 한국 사회에서 '향토음식'이 실종 중이라고 본다. 이미 1970년대 말부터 이루어지기 시작했던 식재료 유통의 전국화가 '향토음식' 실종의 첫 번째 단계였다. 두 번째 단계는 1990년대에 이루어진 농수산물 개방과 관련이 있다. 21세기 초입의 오늘날 대부분의 한국인들은 지역적 경계가 분명한 '향토음식'을 소비하기 어렵다. 더욱이 전국 어디에서도 비슷한 음식을 먹고 있는 오늘날 한국인에게 '향토음식'은 허구일 가능성이 높다.

나는 21세기형 '향토음식'에 대한 논의는 지역마다의 로컬푸드 시스템 구축에서 찾아야 한다고 믿는다. 한국 사회에서의 로컬푸드는 생산지에서 소비지로 유통되는 데 12시간밖에 걸리지 않는 거리여야 한다. 그래야 아침에 수확한 채소나 과일을 점심 식사 때 먹을 수 있다. 경기도도 몇 개의 로컬푸드 영역으로 나누어야 한다. 이 영역 내에서 가능한 농축수산물의 자급자족을 위한 생산 시스템이 구축되어야 한다. 경기도에서 생산된 싱싱한 식재료가 경기도는 물론이고 서울의 음식점에도 공급된다면 그곳에서 만들어진 모든 음식은 '경기도의 향토음식'이다. 여기에 오래된 요리 기술이 개입된다면 진정한 의미의 '향토음식'이 우리의 몸과 정신을 살찌울 것이다.

생활문화,
지방문화원은
어떻게
접근하고 있는가,
해야 하는가

"생활문화를 구원하는 길은 지역의 내부로 시야를 돌려
'생활 현장' 중심의 활동을 활성화하는 길이다.
생활문화를 적극적으로 활성화하는 방법은
우리의 사고를 뒤집는 것이다.
우리가 살고 있는 지역이 갈수록 도시화되어
어딜 가도 아무런 지역의 차이를 느낄 수 없는 그런 사태에
닿게 된다면 이제야말로 그런 지경에 빠진 지역을
깨우기 위해서 생활문화가 요구되는 게 아닐까?
그렇다면 생활문화는 현장 속으로 들어가야 한다.
그래서 특색 있고 특화된 지역으로 살아남아 나름의 정체성을
가질 수 있도록 판을 벌여야 한다.
생활문화는 강좌나 사업이기 이전에 '관점'이다.
'지역을 현재형으로 바라보는 관점'이다."

이동준 「너 아무 데서나, 실체도 없는 생활문화 아니니?」 중

너, 아무 데서나, 실체도 없는 생활문화 아니니?

········· 이동준 이천문화원 사무국장

지역문화진흥법에서 가장 집중적으로 스포트라이트를 받으며 등장한 공주가 있다면 그분은 바로 '생활문화'다. 생활문화를 둘러싸고 수많은 문화나라 왕자님과 기사들이 지금 그녀에게 구애를 하고 있다. 이들은 세상에서 가장 큰 다이아몬드 목걸이로, 천 개의 스포트라이트를 받으며 무대에 서게 해주겠다는 유혹으로, 또는 나라의 반쪽을 떼어준다는 조건으로 그녀의 마음을 얻으려 하고 있다.

하지만 그녀 주위에 다가와 구애를 하고 있는 문화 중에는 끔찍스러운 사이비 문화도 섞여 있다. 이들 중에 누가 진정한 사랑을 걸고 있는지 공주는 과연 구별해낼 수 있을까? 다들 풍채 좋고 늠름하기 그지없으며 왕실이나 귀족 가문이어서 그런지 말씨나 태도 역시 고상하고 걸음걸이마저도 품위가 있다. 오 공주여,

137

그대는 누구를 택하려 하는가. 진실이 무엇인지 알 수 없는 지금의 문화 형국에서 나는 몹시도 목이 탄다. 애간장이 타고 있다.

가. 생활문화를 가로막는 적들 −전문가들

지금까지의 문화/예술은 예술가 중심, 공연과 전시를 하는 문예 시설 중심, 그리고 관리자 중심이었다. 하지만 최근 들어 마을과 공동체에 대한 새로운 인식과 실천이 중요해지면서 주민 중심, 생활 현장 중심의 문화를 만들어가려는 흐름이 형성되고 있다. 바로 생활문화다. 법에서는 '지역의 주민이 문화적 욕구 충족을 위하여 자발적이거나 일상적으로 참여하여 행하는 유형·무형의 문화적 활동'이라고 정의하고 있다.

과거에 문화와 예술은 특정 집단만이 누릴 수 있는, 그리고 특정 시설에서만 이루어지는 기름진 만찬 테이블과 비슷했다. 그런데 그 문화가 세상으로 나왔다. 보통의 생활공간, 일상적으로 살아가는 골목과 마을, 시장과 일터까지도 문화가 넘친다. 생활문화의 시대다. 지역의 주민들은 생활문화를 통해 지역의 공동체적 가치와 의미를 발견할 수 있을까? 생활문화는 과연 지역사회를 창조적으로 변화시키는 활동으로 이어질 수 있을까? 그렇다면 생활문화는 지역에 새로운 활기와 변화를 가져오는 사회적 자본이 될 수 있을 것이다.

생활문화의 가장 중요한 과제는 지역을 새롭게 바라보고 이해하는 시민층을 길러내야 한다는 점이다. 지역의 주민이 생활 현장에서 그들 자신의 문화를 형성하고 만들어가려는 입장에 서서 스스로 중심이 되고자 하는 힘을 갖추어야 한다. 생활문화동아리, 생활문화공동체는 이러한 인식 변화에 근거하여 형성되어야 한다.

하지만 지역에서 아직까지 벗어나지 못하는 선입견이 몇 가지 있다. "개나 소나 예술하나?", "예총은 프로, 문화원은 아마추어", "약은 약사에게, 예술은 예술가에게". 이 말이 맞는가? 이런 인식에 근거하여 지역사회에서는 주요 공연이나 전시, 예술 활동의 중심에는 전문가나 예술가가 담당하는 것이 당연하다고 보는 편견이 있다. 이런 시각이 팽배해 있기에 중앙에서 전문 인력을 키워 지방에 내려보내야 한다는 사고방식이 아직도 통용되는 것이다.

지역의 문화적 욕구를 가장 잘 아는 곳은 중앙이 아니라 지역이다. 그렇다면 지역에서 스스로 필요한 문화 전문 인력을 키워내야 한다. 하지만 양성해도 이들이 설 자리는 없다. "그 사람들 자원봉사 아니야?", "그런 일은 전문가가 해야지!". 과연 그런가? 이런 예술가 중심적 사고의 패러다임을 떨치지 못하는 한 이들을 생활문화 관련 프로그램이나 교육, 사업 활동에 참여시켜서는 안 된다. 생활문화, 생활예술은 전문 예술의 하위 범주도 아니고 프로 대 아마추어의 관계는 더더욱 아니다.

생활문화는 현재 지역의 주민이 어떻게 살고 있는지 보여주어야 하고, 더 나은 앞으로의 삶의 방향을 어떻게 만들어가야 하는지 성찰할 수 있게 해주어야 한다. 우리 지역의 보다 나은 미래의 모습은 무엇이어야 하는가를 제시해야 하는 과제를 안고 있다. 왜 이렇게 거창한 과제를 생활문화가 떠안게 되는가? 생활문화는 그저 공연하고 전시하는 어설픈 문화와 예술의 혼합물이 아니기 때문이다. 생활문화는 현재를 살아가는 그 지역 주민의 *생활양식*이기 때문이다.

만일 문화기획자나 예술가들이 주민의 생활 현장 속으로 정글보다 더 깊이 들어가지 않으면서 껍데기로만 떠들어댄다면 이들이야말로 공주님을 유혹하는 가장 위험한 사이비 문화 집단이 될 것이다. 그들의 말이 너무도 번지르르해 우리의 공주님은 지역의 현실에는 무관심한 채 겉과 속이 다른 예술가들에게 속고 있는 건 아닐까? 그들은 세상에서 가장 큰 다이아몬드 목걸이를 내밀며 공주님을 유혹하고 있다. 예술전문가와 기획자, 행정가들도 마찬가지다. 공주님이 이런 협잡꾼들에게 둘러싸여 있다니!

나. 생활문화 안에 더 큰 함정이 있다!

지역성 : 지역을 기반으로 해야 생활문화다!

지역은 생활문화의 현재적 근거이자 장(場)으로 존재하며 생활문화의 시작과 끝, 과거와 미래 역시 지역이라고 할 수 있다. 그

140

래서 지역을 기반으로 하는 생활문화가 중요하다. 우선 여기서 분명히 해야 할 것이 있다. 생활문화란 그저 생활문화가 아니라 행정구역 또는 공통의 역사적·문화적 정체성을 이루고 있는 지역을 기반으로 해야 한다는 점이다.

생활문화를 그 단서부터 잘못 읽어내면 안 된다. 생활문화는 추상적인 범용형 문화가 아니라 구체적인 실체를 가진 현장형 문화를 말한다. 어디서 행해지건 별로 문제가 되지 않는 일반적 문화가 아니라, 그 지역 주민의 일상적인 생활 현장에서 이루어지는 문화를 말하는 것이다. 지역마다 펼쳐진 산과 들이 다르고, 거기서 살아온 사람들의 삶이 다르고, 매일 일어나는 사건이 다르다. 그러니 같은 듯하면서도 자세히 들어보면 서로 다른 이야기다.

생활문화가 활성화되기 위해서는 지역 주민들이 그들의 일상적 삶의 공간을 주체적으로 바라보며 그들 자신의 생활양식을 형성하고 살아가는 장소로 이해할 수 있어야 한다. 이제는 지역을 바라보는 새로운 관점과 프레임이 필요하다. 하지만 그동안 진행되어왔던 생활문화는 그저 어느 곳에서도 별 차이 없는 생활문화에 그쳤을 뿐, '지역'과 '사람'이 만나고 지역사회를 변화시키는 쪽으로 가야 한다는 문제의식을 갖지 못했다. 지역이 빠졌기 때문이다.

지역은 다만 소재가 되고 배경이 되었을 뿐이다. 지역의 주민이 생략되었기 때문이다. 지역의 주민은 들러리가 되든지 영문도 모르는 그들의 장단에 동원되어 그저 춤을 추고 있을 뿐이다.

너, 아무 데서나, 실체도 없는 생활문화 아니니?

주민은 여전히 대상화되고 있다. 이런 생활문화라고 한다면 거기에서 비롯된 활동이나 각양각색의 사업이 아무리 많이 벌어지더라도 지역에 별로 관련도 없고 기대를 할 수도 없다.

하지만 오늘날 지역성은 색이 바래버렸다. 이동과 교류의 일상화, 정보와 커뮤니케이션의 광역화, 그리고 비슷한 생활양식의 공간적 확산 등으로 오늘날 지역의 정체성은 급속히 약화되고 희미해져버렸다. 지역의 축제들도 가보면 특색 있고 고유한 향토성을 찾아보기는커녕 '도토리 키 재기'식의 고만고만한 내용들로 채워져 있다. 이런 형편이니 생활문화가 뭔가 지역을 기반으로 차별화된 모습을 가질 것이란 기대 자체가 잘못된 것일지도 모른다. 그렇다면 정녕 생활문화는 지역을 기반으로 할 수 없는가? 어디서 행해지건 상관이 없는 문화일 뿐인가?

안타깝게도 생활문화는 이전에 지역을 몇 번 휩쓸고 지나갔던 문화학교, 평생학습과 유사한 방식으로 현재 확산되고 있다. 그저 개인의 문화적 욕구를 채워주면 그만인 강좌나 사업, 행사, 공연 정도로 말이다. 문화 강좌는 자격증 취득이나 예능 습득, 취미 교실이 대부분이어서 능력 있는 강사는 지역에 상관없이 여러 곳을 순회하며 활동한다. 생활문화도 마찬가지다. 주민들은 생활문화 전문가의 지도와 그들의 훈수를 들어야 한다. 아이디어는 물론 전문가에게서 나온다. 이들 전문가들은 능력에 따라 여러 지역을 아우른다. 이렇게 지역이 특별한 매력을 보이지 않기에 우리의 공주님은 생활문화가 어느 곳에서도 통용될 수 있는 문화라고 굳게 믿게 되었다. 나라의 반쪽이라도 떼어줄 테

142

니 좁디좁은 지역에 머물기보다 더 넓은 세상에서 활동해보라는 유혹에 마음이 흔들리고 있다. 정녕 생활문화는 지역과는 상관이 없는 것일까?

자발성 : 그 힘은 스스로 내부에서 일어나야 한다

생활문화에서 자발성만큼 오해를 사는 개념도 없다. 그만큼 위험하고 치명적이기도 하다. 자발성은 스스로의 내적 동기에서 비롯된다. 볼런티어(volunteer)란 누가 시켜서가 아니라 자율적으로 행하는 사람이다. 또한 자유의지에 따라 내가 스스로 선택하여 실천으로 옮기는 활동을 자발적 활동(voluntary action)이라고 부른다. 여기에는 대가가 필요 없다. 이 일이 나의 존재와 가치, 나의 정체성을 드러내는 일이기에 누구의 인정이나 보상이 필요 없고 점수를 따기 위해 노심초사할 필요도 없다.

그런데 이상하게도 우리나라에서는 이 자발성이 자원봉사 개념으로 이어진다. 자원봉사(voluntary service)는 스스로 원해서 희생하는 활동이다. 풀어보면 자발성을 기초로 해서 대가 없이 무상으로 이루어지는 활동이다. 이 말이 우리 사회에서 어떤 의미로 통용되는지 정직하게 풀어보자. 우리나라에서 자원봉사는 '공짜'와 '허영심'이 합쳐진 말이다. 공짜는 곧 싸구려를 뜻하고 부수적이고 허드렛일을 한다는 의미다. 그리고 허영심은 누군가 알아주길 바라면서 시혜를 베푼다는 뜻이다.

이 자원봉사가 끔찍스럽게도 우리의 생활문화 속으로 들어왔

143

진정한 생활문화는 공연장이나 전시장과 같은 구별된 문화 공간 너머에 있고, 주민을
더 이상 관객이나 관람자의 자리에 앉히려는 태도 너머에 존재한다

3부 생활문화, 지방문화원은 어떻게 접근하고 있는가, 해야 하는가

다. 문화 자원봉사 시스템이 작동하기 시작한 것이다. 한번 우리 스스로에게 자문해보자. 경제적 대가가 끊기면 나는 이 일을 그 만둘 것인가? 나는 과연 자원봉사 점수가 없어도, 스태프 비용이나 인건비가 없어도, 교통비가 지급되지 않아도 이 일의 가치와 필요성에 내심 찬성하고 자발적으로 참여하고 있는가? 과연 생활문화에서 이루어지는 자원봉사는 의미 있고 보람을 찾을 만한 그런 일들인가? 겪어보니 결국 문화 자원봉사라는 것도 대부분 스태프 보조, 진행 보조, 단순업무 등의 형태가 아니던가?

그렇다면 그런 활동은 단연코 자발성과는 상관이 없다. 가짜이기 때문이다. 우리가 기대하는 것은 소수의 직업적 엘리트에 의해 독점된 예술이 아닌, 지역의 주민이 자신이 살고 있는 일상생활 속에서 주체적으로 수행하는 예술적 활동을 바랐던 것이다. 예술가와 전문가의 보조적 위치에 놓여 있는 한 주민은 결코 주체가 될 수 없고 자발적인 활동은 불가능하다. 참 괴이하다. 주민의 일상에 들어와 여전히 그들은 전문가가 되고 주민을 가르치려 들고 계몽하려 든다. 혹시 우리의 공주님은 근사한 무대에서 천 개의 스포트라이트를 받으며 수많은 관객의 갈채를 받고 싶은 허영심의 유혹에 마음을 빼앗기고 있는 건 아닐까?

자발성의 개념에 도사리고 있는 또 하나의 위험은 처음부터 주민을 주체로 몰아세우는 것이다. 과도하게 주민 역할을 강조하거나 대책 없이 주민을 앞장세우고 권한을 이양하는 것은 오히려 혼란만 가중시킬 수도 있다. 주민들의 의식을 깨우는 것도 중요하지만 그에 앞서 지역문화, 생활문화의 본질과 그 지향점

145

너, 아무 데서나, 실체도 없는 생활문화 아니니?

이 무엇인지를 확실히 해야 한다. 나아가 이를 촉진하고 매개해야 할 역할을 문화원이 담당해야 한다. 그러나 이에 대한 인식이 부족한 것이 우리가 처해 있는 현실이다.

진정한 생활문화는 공연장이나 전시장과 같은 구별된 문화 공간 너머에 있고, 주민을 더 이상 관객이나 관람자의 자리에 앉히려는 태도 너머에 존재한다. 따라서 개인의 문화적 욕구 수준에 머물면서 문화를 수동적으로 향유하거나 소비하는 성격의 동호회나 취미 교실, 사적 취향의 모임을 어떻게 공공적 관점, 공동체적 관점으로 지역을 바라볼 수 있도록 이끌 것이냐 하는 것이 중요한 과제로 떠오른다.

일상성 : 현재를 살아가는 삶의 양식이다!

전문어, 학술어가 세상을 지배하던 시대가 있었다. 그에 따라 문화는 특권 계층, 특권 세력만이 독점하는 그들만의 문화였다. 하지만 생활문화의 시대가 되었다. 누구나 알아들을 수 있는 일상언어로 재해석되지 않으면 안 된다. 서구에도 일상언어의 중요성에 주목한 사조가 있었다. 20세기 초에 형성된 일상언어학파는 우리가 일상적으로 사용하는 언어의 다양한 표현과 의미를 인정했다.

국립중앙박물관에는 조선 시대 윤두서가 그린 〈진단타려도(陳摶墮驢圖)〉가 전시되어 있다. 그러나 무슨 뜻인지 이해하기 힘들다. 한문을 연구했거나 중국사에 전문 지식이 없다면 무슨 말인

146

지 다가오지 않는다. 이런 이유로 과거의 전통문화는 현재의 일상언어로 번역이 필요하다. '진단 선생이 말에서 떨어진 그림'으로 표현되어야 하는 것처럼.

일상성의 영역은 언어뿐만 아니라 생활의 영역에도 적용된다. 평범한 주민들이 살아가는 일상의 생활이야말로 그 시대 사람들의 의식과 문화, 사회구조를 반영하기에 이들의 증언과 구술이 역사를 더욱 풍성하게 만든다는 생각이다. 일상의 위대함은 어디서 오는가? 대단한 영웅적 행위는 물론 사회의 관심을 독점하지만, 일회적 사건으로 끝나버린다. 영웅은 다시 일상으로 돌아와야 하고, 단조로운 삶을 버텨내기 힘든 영웅은 또다시 집을 떠난다. 그런 영웅을 기다리고 있는 아내는 일상이 주는 단조로움과 권태로움을 이겨내는 내적 힘을 지니고 있다.

『오디세이(*Odyssey*)』에 등장하는 페넬로페(Penelope)의 옷감 짜기는 단조로운 일상의 삶을 써나가다 지우고 다시 써나가다 지우는 문학의 그것과 비슷하다. 제임스 조이스(James Joyce)가 그려놓은 현대의 율리시스(Ulysses)는 단조로운 일상의 하루를 과거 모험담의 10년 길이만큼 늘여놓을 수 있었다. 왜 지금 일상을 이야기하는가? 역사의 격랑을 끝내 버텨내고 통과해낸 진정성이 거기에 스며 있기 때문이다.

그렇다면 생활문화에서 일상성은 무엇을 의미하는가? 지역의 주민이 매일 머물러 있는 생활의 양식, 그것에 맞추어 나날을 살아가는 방식이다. 여기에는 하이데거(Martin Heidegger)가 말하는 일상성의 함정이 있다. 어떤 새로운 삶의 경험이나 사건도 일상화되면 잊히고 규격화되어버린다. 우리의 관심도 식어버리며 의미와 가치가 부여된 장소도 서서히 좌표만 남은 공간으로 환원되고 만다. 문화적 욕구 충족이 아니라 다만 생존을 위해 무관심, 무감각해진 일상성의 함정이 우리의 발목을 붙잡는다.

고된 생존의 하루가 가져다주는 고통을 잊기 위해 안락과 편안함, 카페에서 늘어놓는 서너 시간의 잡담, 명품 가방에 대한 과도한 호기심, 놀고먹는 여가 생활, 소비적인 문화예술 향유를 추구하게 되면 어느덧 우리는 무엇이 진정한 것인지, 무엇을 원했던 것인지 알 수 없는 상태에 놓인다. 그런 사이비 문화가 제공하는 강렬한 충동 욕구에 길들여져서 일상성은 우리를 더욱더 옥죄는 감옥이 된다. 때론 일상에서 탈출하여 관광과 긴 여행을 다녀와도, 일상의 속박에서 벗어나고자 축제를 벌여도 짧은 유효기간이 끝나면 어김없이 일상성은 돌아온다. 위험하기 그지없는 함정이다. 우리의 공주님은 이 일상성의 함정에 빠져 있는 건 아닐까?

다. 최종적 해석–삶의 냄새가 풀풀 나는 생활 현장으로 들어가라!

생활문화를 좀 더 알기 쉽게 일상언어로 해석해보자.

① 지역을 기반으로 이루어지는 생활문화란
② 모든 국민이 아닌, 지역의 주민이

③ 문화 향유, 여가 활동이 아닌, 인문적 성찰을 위한 문화적 욕구 충족을 위하여

④ 누가 시켜서가 아니라 내가 주인이 되어 자발적으로

⑤ 어떤 특별한 장소나 무대에서가 아니라 생활 현장에서 일상적으로

⑥ 관객이나 소비자가 아니라 주관자, 생산자로서 참여하여 행하는

⑦ 유·무형의 문화적 활동이다.

생활문화를 구원하는 길은 지역의 내부로 시야를 돌려 '생활 현장' 중심의 활동을 활성화하는 길이다. 생활문화를 적극적으로 활성화하는 방법은 우리의 사고를 뒤집는 것이다. 우리가 살고 있는 지역이 갈수록 도시화되어 어딜 가도 아무런 지역의 차이를 느낄 수 없는 그런 사태에 닿게 된다면 이제야말로 그런 지경에 빠진 지역을 깨우기 위해서 생활문화가 요구되는 게 아닐까? 그렇다면 생활문화는 현장 속으로 들어가야 한다. 그래서 특색 있고 특화된 지역으로 살아남아 나름의 정체성을 가질 수 있도록 판을 벌여야 한다. 생활문화는 강좌나 사업이기 이전에 '관점'이다. '지역을 현재형으로 바라보는 관점'이다.

그동안 지역의 역사에 주민의 삶과 애환은 없었다. 실록이나 읍지(誌) 류 같은 기록물에서, 그리고 상류층인 양반과 선비들의 문집에서 우리는 평범한 사람들의 이야기를 발견하기 힘들다. 권력의 역사를 걷어치우고 이제는 삶의 냄새가 풀풀 나는 지역

생활문화를 구원하는 길은 지역의 내부로 시야를 돌려 '생활 현장' 중심의 활동을 활
성화하는 길이다

주민의 삶의 이야기를 기록해야 하지 않을까. 우리가 기록해야 할 이야기는 우리가 살고 있는 지역의 생활 현장에서 지금 현재를 살아가고 있는 우리 자신의 이야기여야 한다.

가난과 역경 속에서도 우리를 낳고 길러온 우리 어머니의 이야기, 딸들의 이야기, 농부와 대장장이와 씨름꾼의 이야기, 마을과 공동체를 이루고 세대에서 세대로 삶을 이어왔던 지역민의 이야기를 우리들의 입으로 말하고 우리들의 손으로 다시 써야 하지 않을까. 이제는 '기록된' 이야기보다는 '기록되지 않은' 이야기에 주목할 필요가 있다. 이야기는 원래 책에 기록되기 전부터 사람들의 몸에 있었다. 몸에 배어 있고 삶에 배어 있고 그들의 아픔 속에, 그리고 일상의 생활 속에 녹아 있었다. 그것이 최근 구술사가 주목받는 이유이기도 하다.

지역을 단순히 공간이 아니라 의미와 가치가 부여된 '장소'로, 행정구역이 아니라 콘텐츠를 담고 있는 '자원'으로 새롭게 이해하는 관점에서 지역을 다시 읽고, 다시 그려보고, 다시 배워야 한다. 생활문화가 궁극적으로 지향해야 하고 또 근거해야 할 터전은 지역의 주민이 살아가고 있는 생활 현장이다. 생활문화의 주인은 지자체의 행정공무원이나 예술 전문가, 어설픈 생활문화 기획자 같은 사람들이 아니라 지역의 주민이 되어야 한다. 지역의 생활 현장으로 들어가는 일은 진정성을 요구하는 일이요 지역의 정체성과 자신의 정체성을 찾아가는 과정이기도 하다.

그러나 아직도 지역에서는 외형 중심, 인프라 중심, 성과 중심의 문화 사업 추진으로 그럴듯한 지역문화 성공 사례를 성급하

너, 아무 데서나, 실체도 없는 생활문화 아니니?

게 만들어보려는 시도가 끊이지 않고 있다. 문화재단을 설립하거나 생활문화센터 수, 생활문화 사업 횟수 등과 같은 외형적 지표로 생활문화의 내적 성숙과 활성화 수준을 가늠하기는 쉽지 않다. 지역에 뿌리내리고 주민의 삶에 녹아드는 주민 참여와 주민 중심의 생활문화를 지속적으로 만들어가기 위해서는 이제까지 해왔던 설익은 정책과 사업을 미련 없이 떨쳐내야 한다.

이제 우리의 공주님은 그녀를 둘러싸고 있는 수많은 사이비 문화를 물리치고 생활 현장으로 들어가야 한다. 거기서 그녀의 유일하고 진정한 사랑을 만나야 한다.

지역 정체성 살리는
선순환 생활문화 사업을
위하여

'생활문화'에 대해서

　문화를 광의의 개념인 '자연 상태에서 벗어나 삶을 풍요롭고 편리하고 아름답게 만들어가고자 사회 구성원에 의해 습득, 공유, 전달이 되는 행동 양식'이라고 보았을 때, '생활+문화'를 표방하고 있는 '생활문화'란 용어가 성립할 수 있을까?

　사람은 세상에 태어나면서 '사회 구성원에 의해 습득, 공유, 전달이 되는 행동양식'에서 벗어나 존재할 수가 없다. 이 행동 양식의 과정 및 그 과정에서 이룩해낸 물질적·정신적 소산을 통틀어 문화라고 부를 수 있으며, 여기에는 의식주를 비롯하여 언어, 풍습, 도덕, 학문, 예술 및 각종 제도 따위가 모두 포함된다. 그러므로 광의의 문화에 시간과 공간을 포함한 인간의 생활 모

153

문화는 일회성에 그치지 않고 지속적이란 점에서 전통적이고 생활의 기반 위에서 실
행된다는 점에서 현재적이다

3부 생활문화, 지방문화원은 어떻게 접근하고 있는가, 해야 하는가

두가 그 범주에 해당된다.

통상 협의의 문화는 '높은 교양과 깊은 지식 또는 세련된 아름다움이나 우아함, 예술적 요소와 관계된 일체의 생활양식'이라고 할 수 있다. 협의의 관점에서 문화를 보았을 때 생활이란 단어를 붙여 사용할 수 없다. 협의의 관점은 전문 예술 작가나 평론가 등이 추구하는 예술 행위에 국한되기 때문이다. 이는 체육계 방면에서 말하는 '엘리트 체육'과 상호 비교될 수 있는 용어라고 할 수 있다. 지역문화진흥법에서는 다음과 같이 생활문화를 정의하고 있다.

> "생활문화"란 지역의 주민이 문화적 욕구 충족을 위하여 자발적이거나 일상적으로 참여하여 행하는 유형·무형의 문화적 활동을 말한다.

생활문화의 주체를 지역의 주민이라는 점에 한정하여, 전문 문화예술가와 경계를 구분하였다. 그러나 이 수행 주체의 구별 외에는 전문 문화예술가에게도 정의가 동일하게 적용된다. 그러므로 지역의 주민이 문화적 욕구 충족을 위하여 행하는 모든 활동이면 생활문화가 될 수 있다. 자신이 살고 있는 지역을 벗어나 문화 활동으로 타 지역에 이름이 알려진 사람이면 전문 문화예술가가 되고 마는 모순이 드러난다.

그렇다면 생계를 위하여 하는 활동이 아니고, 또한 전문적으로 하지 않는다는 조건이 필요하다. 나아가 생활문화의 주체를 제외하면 생활문화의 범위를 비롯하여 그 문화 추구 목적을 획

155

지역 정체성 살리는 선순환 생활문화 사업을 위하여

정할 수 없는 한계가 있다.

인간의 행위 그 어떠한 것도 사회적 의미 관계망을 벗어나 설명할 수 없다. 이러한 관점에서 생활문화는 전통문화의 기반 위에서만 가능하다. 현재의 생활은 사회적 의미 관계망 위에서 보았을 때 과거부터 이어져온 전통 없이는 성립할 수 없기 때문이다. 지방문화원에 대한 지역민의 인식 속에는 전통문화를 보존하고 지켜나가는 대표 기관의 모습이 자리 잡고 있다.

물론 현재는 과거로부터의 집적이라는 점에서 전통지향적이다. 그러나 지금 우리의 생활은 전통에 기반하고 있는 것이 무엇이 있을까 할 정도로 대변혁기에 놓여 있고 미래지향적이다. 다만 다행스럽게도 문화예술은 아주 점진적이고 현재지향적이다.

생활문화와 전통문화는 대립적 관계에 있기보다는 상호 보완적 관계라고 할 수 있다. 문화는 일회성에 그치지 않고 지속적이란 점에서 전통적이고 생활의 기반 위에서 실행된다는 점에서 현재적이다.

지방문화원과 생활문화 프로그램

지방문화원진흥법 제8조에 따르면 지방문화원에서는 지역문화의 계발 보존 및 활용, 지역문화(향토 자료를 포함한다)의 발굴 수집 조사 연구 및 활용, 지역문화의 국내외 교류, 지역문화행사의 개최 등 지역문화 창달을 위한 사업, 지역문화 활성화를 위한 컨

156

설팅 지원 사업, 문화예술교육 사업 지원, 다문화가족에 대한 문화 활동 지원, 지역문화 활성화를 위하여 국가 또는 지방자치단체가 위탁하는 사업 등을 수행할 수 있다. 이를 지역문화 연구, 교육, 문화 사업 대행 및 지원으로 요약할 수 있다.

지방문화원에서 지역의 역사문화에 대한 연구는 지금까지 활발하게 진행되고 있다. 지역학의 근원이 될 수 있는 그 지역의 신화·전설·민담을 포함하는 설화와 지역의 지리지(地理誌) 류, 지역의 지명, 역사와 인물, 문화재 등의 발굴-수집-조사-연구 등이 대표적이라고 할 수 있다. 이러한 연구 결과에 힘입어 진행되고 있는 생활문화 프로그램으로 지역문화 역사반, 문화재 해설사반, 지역문화 스토리텔링반, 향토사 조사연구반 등이 운영되고 있다.

지방문화원의 수행 역할 중 생활문화와 직접적으로 연계할 수 있는 부분이 교육 기능이라고 할 수 있다. 특히 문체부로부터 설립 근거를 두고 있는 문화학교는 교육 기능을 수행하는 중추 기관이라고 할 수 있다. 이를 근거로 많게는 수십 개 적게는 열 개이내의 강좌를 운영하고 있는데 서예(한문/한글), 문인화, 동양화, 서각, 전각, 교양한문, 국악(민요), 농악, 사물놀이, 난타, 전통매듭, 공필화, 문학창작(시/소설/수필) 등 대다수가 생활문화 프로그램이라고 할 수 있다. 이러한 생활문화 프로그램을 다른 사업과 연계하여 확장해나갈 수 있다. 지방문화원이 지방자치단체로부터 위탁받거나 대행하는 문화 행사에 생활문화 프로그램을 통해 구성된 생활문화동호회(동아리)를 적극 참여시켜 발표회의 장

157

으로 활용하는 것이다.

지방문화원 사업과 생활문화 프로그램 연계 구성

앞에서 정리했듯이 지방문화원은 연구, 교육, 대행 및 위탁 사업 등을 주로 수행한다. 이러한 문화원 사업은 그 지역의 생활문화를 활성화하기 위해서 반드시 생활문화 프로그램과 연계될 수 있도록 노력해야 한다. 이는 문화원 사업이 지역 주민의 문화 향유에 실질적인 도움을 주어야 한다는 점을 강조하는 말이다. 즉 문화원의 연구, 교육, 대행 및 위탁사업이 서로 연계되어 선순환적 구조가 되도록 만들어야 하는 것이다.

또한 문화원에서 진행하는 연구 사업은 그 지역의 문화적 특색을 담고 있을 뿐만 아니라 그 지역의 정체성을 담보한다는 점에서, 지역의 문화 수준을 질적으로 향상시키고 지역 정주성을 높여 줄 수 있다. 이를 통해 해당 지역의 생활문화 프로그램의 질적 향상은 물론 그 지역문화의 특색과 특성을 드러낼 수 있다. 이것이 문화원 연구 사업의 핵심 사항이 되어야 할 것이다.

정리하자면 문화원 문화학교(문화원연합회에서 주관하는 어르신 문화 프로그램 포함)는 지역 주민에게 생활문화 프로그램에 직접 참여하여 문화 향유를 누릴 수 있는 기회를 제공해 준다. 이 문화학교에서 배출된 사람들을 중심으로 하는 동호회 또는 동아리를 조직하도록 하여 문화향유가 지속적으로 이루어질 수 있도록 해

158

주어야 한다. 즉 문화학교를 통해 일정한 수준에 도달한 사람을 그룹으로 묶어 동호회를 조직하고, 이를 지원하여 지속적으로 유지할 수 있도록 해주어야 한다.

그리고 지방자치단체로부터 위탁받은 사업이나 대행 사업을 수행할 때, 문화원을 통해 결성된 동호회와 동아리에 발표의 장을 마련해주거나 제공해 주어야 한다. 즉 지역문화 사업을 생활문화 동호회나 동아리가 참여하여 발표할 수 있는 장으로 활용할 필요가 있다.

연구 사업을 통해서는 지역 주민에게 문화 정체성과 질적인 문화 향상의 지식을 제공하고, 문화학교 등의 교육 사업을 통해서는 지역 주민에게 문화 참여의 기회와 문화 향유의 기회를 제공하고, 문화 대행 사업을 통해서는 생활문화 동호회나 동아리에 발표의 장을 마련해주어서 문화원 사업이 지역주민의 생활문화에 선순환적 관계망이 될 수 있도록 해야 한다.

지방문화원 사업을 활용한 생활문화 프로그램 구성

생활문화 프로그램 구성에 지방문화원 사업을 활용할 수 있는 방안을 세 가지로 생각해 볼 수 있다. 첫 번째로, 지역의 역사문화의 조사-발굴-연구-발간-활용을 통한 생활문화 프로그램 개발을 들 수 있다. 예를 들어 지역의 금석문과 누정의 현판 자료, 필사한 고전 전적 등의 자료를 아카이빙 작업하고 해설을 붙

159

(위) 지역의 자원을 바탕으로 한 생활문화 창작물 전시
(아래) 지역 축제에서 공연하는 춘천지역 청년 생활문화동호회

3부 생활문화, 지방문화원은 어떻게 접근하고 있는가, 해야 하는가

여서 전각, 서각, 서예 등의 기예형 생활문화 프로그램 참여자에게 제공하여 활용하는 방안이다. 즉 지역의 묘비나 기념비 등의 금석문과 누정과 고건축물에 붙어 있는 편액, 고전 전적의 서예 자료를 조사-발굴-연구-발간하여 그것을 생활문화 프로그램 참여자에게 제공함으로써 각 지역의 특성을 살린 서예, 서각, 전각 등의 생활문화 프로그램을 구성하고 그 결과물을 전시로까지 연계할 수 있다. 이러한 생활문화 프로그램의 구성은 그 지역의 문화자원을 통한 지역 정체성 제고에도 힘을 실어줄 수 있다.

두 번째로 지역에 전해오는 설화와 지명 등의 아카이브 사업을 통해 정리된 자료를 소설, 수필, 시 등의 아마추어 문학가에게 소재로 제공하여 그들을 중심으로 하는 시, 수필, 소설 등의 문예창작반(동호회)을 구성하여 운영하는 것이다. 지역적 향토성이 강하게 투영된 창작형 생활문화 동호회를 운영하여 지역 특성을 살리도록 할 수 있다.

세 번째로 지역문화 축제와 문화예술 동호회를 연계한 프로그램을 개발하여 운영하는 방안도 생각해볼 수 있다. 지역마다 마을형 축제 내지 향토문화 축제를 문화원 중심으로 시행하고 있는데, 이 축제를 예술형 생활문화 동호회의 발표의 장으로 만들어 운영하는 것이다. 이렇게 함으로써 문화원이 지역의 생활문화 동호회의 구심점 역할을 할 수 있도록 한다. 특히 문화원을 중심으로 조직된 예술형 생활문화 동호회가 있다면 이를 향토축제 무대에서 우선적으로 공연할 수 있는 기회를 제공한다.

생활문화란 용어는 태생에 있어 문제가 있다. 그러나 지역문

선순환적 구조가 이루어져야 각 지역의 특성을 살리는 생활문화가 자리
할 수 있다

3부 생활문화, 지방문화원은 어떻게 접근하고 있는가, 해야 하는가

화진흥법이란 법률적 테두리에 자리하고 있으며, 지역마다 문화 관련 단체에서 생활문화 프로그램을 운영하고 있다. 특히 문화원은 연구, 교육, 위탁 및 대행 문화 사업을 주요 업무로 하고 있다. 문화원의 이러한 기능이 상호 연계망을 가지고 각 지역의 생활문화 프로그램에 녹아들도록 하는 것이 중요하다. 이를 위해 문화원은 향토문화연구소를 활용해 지역 정체성을 드러낼 수 있는 소재와 자료를 제공하여 이것이 생활문화 프로그램에 반영되도록 하여야 한다. 이러한 선순환적 구조가 이루어져야 각 지역의 특성을 살리는 생활문화가 자리할 수 있다.

지역 정체성 살리는 선순환 생활문화 사업을 위하여

생활문화,
'인간 중심의 문화'와
동의어(同義語)

········ 이초영 문화기획자／별일사무소 대표

　예전엔 누구나 직접 손을 쓰며 집과 옷을 만들고 농사를 지었다. 당연한 일과이자 각자의 몫이었다. 몸에 익어 숙달되고 본인만의 비결이 생기면 기구와 장비, 부속품 등을 만들어 쓰며 기술을 더욱 연마했다. 노동의 고됨을 잊기 위해 노래를 부르며 춤을 췄고 풍년의 염원을 담아 크고 작은 의례를 치렀다. 이런 역사가 오늘날 '자발적·주도적으로 하는 다양한 일상 예술 활동'이라고 정의되는 '생활문화'의 원형(原形)이자 전신(前身)이다.

　현시대의 생활문화는 장르 중심의 예술 향유 영역에서 확장되어 참여자 간 관계 속에서 새로운 소재를 찾고 옮겨가는 과정을 지향한다. 창작의 기쁨을 느끼고 심미안을 기르며 개인 또는 공동의 문화를 마주하는 가운데 관계에서 일어나는 다양성을 체화하는 것이 생활문화의 내재된 진정한 의미이다.

164

하지만, 현장 기획자로서 고백하자면 '생활문화'의 범위와 경계에 대해 명확히 정의 내리기 어렵다. 얼마 전 몇몇 기획자가 모인 자리에서 생활문화, 생활예술, 공동체문화, 커뮤니티 아트 등 유사한 여러 용어의 차이에 대해 이야기를 나눴다. 정리와 구분이 필요하기보다는 실제 구현해야 할 입장에서 참여 구성원 모두가 납득 가능한 명쾌한 답변이 필요하다고 생각하고 있었다.

생활문화는 개인과 지역의 축적된 서사

최근 전국 곳곳의 생활문화 관련 사업 현장을 다니고 있다. 연구자와 멘토의 역할이 섞여 있는데 방문한 사업마다 백이면 백, 모두 다르다. 유사해 보이지만 속 내용을 살펴보면 결이 다르고, 얽혀 있는 상황이 다르고, 풀어내는 방식이 다르다. 거슬러 올라가면 발생된 연유와 그에 따라 모인 사람이 다르다. 축적된 시간만큼 쌓인 행보와 효과가 다르다. 지속성을 고민하는 사람과 현재 상태에 만족하는 사람이 섞여 있어 그들만의 속사정이 존재한다. 나는 이런 복잡한 현실이 자연스러우며 건강하다고 생각한다. 과거부터 있어왔고, 미래까지도 이어질 생활 본연의 모습이기 때문이다.

이렇게 목격한 생활문화 관련 사업 중 좋은 평가를 받은 사례들을 돌아보니 지역성의 반영 정도, 실제 당사자의 유무, 참여 구성원의 역할 분장에 따라 결과가 달라지는 특징이 있었다.

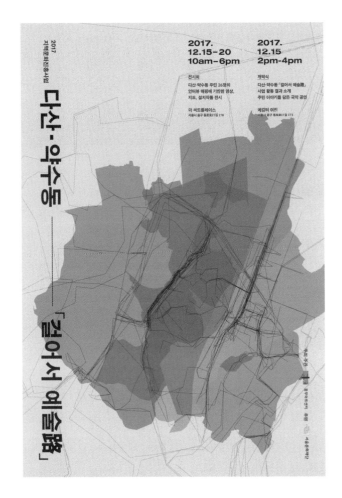

2017 지역문화진흥사업 다산동·약수동 「걸어서 예술路」 포스터 및 전시
(사진 제공 : 중구문화재단 충무아트센터)

3부 생활문화, 지방문화원은 어떻게 접근하고 있는가, 해야 하는가

생활문화, '인간 중심의 문화'와 동의어

첫째, 생활문화는 지역성을 반영하기도 하지만, 초월하기도 한다. 지역은 생활 터전, 경제활동, 사회 문화적 관계의 의미를 내포하는 물리적·상징적 공간으로서 정체성을 가진다. 따라서 지역 내 이슈와 문제, 지역 정체성을 반영한 사업은 다수가 필요성을 느끼기 때문에 더욱더 설득력을 갖게 되어 참여 구성원을 모으기에 더욱 수월하다. 반면 지역성을 초월하거나 개입 정도가 낮은 경우는 '개인' 또는 '활동'이 중심이 될 때이다. 개인의 자율성과 다양성을 보장하고 실현할 수 있도록 주변과 연계하는 방식으로 진행되며 구성에 따라 타 지역에 이식과 적용이 가능하다.

둘째, 실제 당사자의 유무는 매우 핵심적인 부분이다. 생활문화를 모색하고 참여하기 원하는 당사자들이 자발적·주도적으로 사업을 제안하고 참여할 때 그 결과가 매우 달라진다. 당사자 없이 매개 기관 또는 기획자들만 이끌어가는 경우 실제 동력이 될 만한 주체가 없어서 진행 과정에서 어려워하는 모습을 자주 봤다. 주체가 되어 직접 사업을 이끈다는 것은 책임을 지는 의지와 태도를 대변하기 때문이다.

셋째, 참여 구성원의 역할 분장 중 매개 조직의 역할이 중요하다. 사업 특성상 재단, 문화원, 문화의집, 생활문화센터, 전문 기획회사 등, 매개 조직이 사업을 기획하여 주민과 기관을 참여시키는 경우가 다수이다. 어느 사업에서는 구성원의 적극적인 자발성을 목격했지만, 어느 사업은 수동적인 참여자로 머물기도 했다. 적극적인 참여로 이끈 사업의 공통점은 참여 구성원들이

168

스스로 '어떻게 함께할 수 있을까'를 고민할 수 있도록 설계한 사업이었다.

개인적으로, 지난해 '걷기'라는 생활문화를 주제로 주민들의 삶을 추적하고 모아서 인터뷰를 했고, 매핑(mapping) 지도, 설치 작품, 사진, 퍼포먼스, 판소리(창)를 만들어 전시하고 공연한 프로젝트를 진행했다. '걷는 행위'를 중심으로 생애 전반과 지역의 역사와 변화를 읽어내어 창작물로 옮기는 과정을 통해 일상과 예술이 닮았다고 이야기하고 싶었다. '무엇을, 왜, 어떻게' 하려는지를 밝히며 일상에서 예술적 속성을 발견하는 과정을 담고 싶었다.

처음 이 프로젝트를 들은 사람들의 표정은 각양각색이었다. 수년간 공동체 사업에 참여했던 마을의 일부 주민들은 반겼고 일부 주민들은 심드렁해했다. 무엇을 하겠다는 건지 이해할 수 없다는 반응도 있었다. 따라서 주민들에게 프로젝트의 취지를 설명하고자 일상생활을 문화적으로 풀이하고 해석했다. 개인과 지역의 축적된 서사, 중첩된 길과 장소가 창작품으로 어떻게 태어날 수 있을지 고민했다. 예술가와 주민을 서로 만나게 하여 서로 영감을 주었다. 주민들이 가진 지역의 인상을 사진으로 담았다. 자발적으로 이뤄진 주민 동호회와 협의체, 주민센터, 보건소 등과 연계했고, 주민이 주최하는 마을 축제에 협력자로 참여해 함께 행사를 치렀다. 마지막엔 참여 구성원 모두와 함께 전시를 즐겼고 창을 들으며 소감을 나눴다. 전시를 본 주민들은 본인의 이야기가 예술로 표현될 수도 있다는 사실에 자부심을 가지며

주민 협력으로 진행한 '2017 까르르 골목잔치'

(사진 제공 : 중구문화재단 충무아트센터)

3부 생활문화, 지방문화원은 어떻게 접근하고 있는가, 해야 하는가

기쁨을 표현했다. 현재 이 마을 주민들은 별도의 지원 사업으로 지역 커뮤니티 공간을 꾸리고 마을 속 여러 행사를 주관하며 즐겁게 살고 있다.

시대 변화에 따른 다양한 시도가 필요한 시점

문화원은 '문화'라고는 마땅히 없었던 어려운 시절부터 지역 문화 기관의 맏형 역할을 톡톡히 했다. 현재도 지역문화 유산 연구와 보급은 물론 지역민의 문화 활동 활성화의 한 축을 담당하고 있다. 그간 연계되어 활동하거나 배출된 연구자, 예술가의 수도 헤아릴 수 없을 것이라 생각한다. 특히 경기권의 경우, 경기학의 통합 연구와 자료 연계, 향후 지역문화 자원의 전파와 보급, 성장까지 고민 중에 있다. 이런 논의가 활발한 가운데, 앞서 살핀 생활문화 사업의 특징을 들어 향후 연계 지점을 제안해보려 한다.

첫째, '전통'이라는 관성적인 인식에서 벗어나, 옛 생활문화를 현시대의 생활문화로 빚어낼 수 있다고 생각한다. 지역 정체성이 깃든 역사와 전통, 삶을 영위하는 차원에서의 기술, 축적된 생활양식이 일상에서 비롯되었다는 점을 인지하고 현재와 연결하는 작업이 필요하다. 즉 나의 삶과 더불어 내가 사는 지역의 삶을 표현하는 다양한 창작 활동이 이어져야 한다. 더 나아가 개개인이 맞닥뜨린 과거와 현재를 직접 다룰 때 나오는 결과에 시

171

대 감성을 반영하여 표현하는 것이 중요하다.

둘째, '문화 시설'이라는 물리적 울타리를 고집한다면 경계의 넘나듦이 자유로워야 할 생활문화와의 접점이 향후에 어려워질 수 있다. 생활문화는 시대에 발맞춰 진화하거나 변화되고 있다. 취향, 취미를 탐색하며 새로운 문화로 만들어가는 속도, 4차 산업혁명에 따른 신기술의 내두, 전환 시대를 맞이하여 소비를 줄이는 공동체적인 삶, 사회문제에 대한 공동 행동, 기후변화에 따른 자연환경 문제 등 다양한 사회 변화의 움직임이 생활 전반에 영향을 끼칠 수밖에 없기 때문에 사람들의 의식과 요구가 달라지고 있다. 따라서 다변적인 대응을 준비하기 위해 공간 쓰임새는 물론 연계 기관의 확장, 대외 활동 범위의 확대에 대한 새로운 설계가 필요하다.

셋째, 오랫동안 일관된 강습 교육, 장르 중심의 창작 예술 활동의 구성과 접근에서 벗어나 다양한 참여 방식을 고민하고 다각화해야 한다. 특히 동호회 결성 중심의 활동은 다양한 사례가 도출되는 데 한계를 가질 수 있으므로 개인 또는 단체의 연구, 활동 모임, 커뮤니티 등으로 활동 영역과 분야를 확장하여 제시할 필요가 있다.

맺으며

오랜 시간 지역에서 이어나간 전통문화의 전승과 보존, 그에 따른 문화 시설로서의 문화원의 역할은 매우 중요하다. 다가오는 시대의 변화를 감지하여 전통과 창작의 영역이 결합되고 새롭게 재해석되는 문화 공간이라는 정체성이 더욱 뚜렷해진다면 '문화원'의 의미를 가깝게 느낄 수 있을 것이다. 아울러 지역 이슈를 포착하고 끌어내어 문화 활동으로 이어가는 것, 지역을 더욱더 살고 싶은 곳으로 만드는 것이 주요한 문화 기관으로서 지역문화를 함께 만들어가는 길일 것이다.

생활문화,
지방문화원은 어떻게
접근하고 있는가,
해야 하는가 (1)

···· **때**

    2018년 11월 16일(금) 오후 2시

···· **곳**

    대전 KT연수원

···· **패널**

    최영주(사회/ 경기도문화원연합회 사무처장)

    고영직(문학평론가)

    박성희(인천 미추홀구학산문화원 사무국장)

    박정근(의정부문화원 사무국장)

    이동준(이천문화원 사무국장)

    정민룡(광주 북구문화의집 관장)

본 기사는 경기도 지역문화전문가아카데미 제3차 사무국장 연수의 일환으로 진행된 생활문화 집담회 내용을 윤색한 것이다. 경기·인천 지역 사무국장 10여 명이 모여 '문화원은 생활문화를 어떻게 접근해야 할 것인가'에 대해 자유롭게 토론한 내용을 정리한 것이다. 〈생활문화, 지방문화원은 어떻게 접근하고 있는가, 해야 하는가 (1), (2)〉로 나누어 다룬다. 〈편집자 주〉

최영주   지방문화원은 그동안 '지역문화'를 말해왔습니다. 지금 문화 현장 어디서나 '생활문화'를 이야기합니다. 이 지점에서 문화원들이 말하는 '지역문화'와 '생활문화'를 분리해서 생각해야 하는가 의문이 들었습니다.

생활문화 관련 토론회, 포럼 등에 참석해보면 그들도 특별한 답이 없어 보입니다. 지방문화원들은 '생활문화는 그동안 지방문화원이 해왔던 것이다'라는 말만 반복하고 있었습니다. 그렇다면 앞으로 어떤 대안과 비전을 가지고 생활문화를 만들어가야 하는가라는 질문에 답을 찾아야 하는 과제가 우리에게 있는 것 같습니다. 그동안 지방문화원 차원에서 생활문화를 어떻게 접근해야 할지에 대한 논의의 장이 없었습니다. 이 논의는 개별 문화원 차원에서가 아니라 문화원연합회 차원에서 장(場)을 마련해야 했는데 그렇지 못했다는 반성과 함께 오늘 이 자리를 마련했습니다.

생활문화를 얘기할 때 항상 일상에 대해 이야기합니다. '현대 세계의 일상성'에 대한 논의의 장에서는, 일상의 소외를 말하고, 일상을 회복시켜야 하는 방법론 찾기라는 대전제가 깔려 있는 것 같습니다.

소외된 일상을 어떻게 변화, 회복시킬 것인가에 대한 방법론이 저마다 다르기 때문에 생활문화 관련 논의에 따른 그 솔루션이 어느 하나로 귀결되지 않는 것 같습니다. 이 시점에서 그렇다면 지역문화원에서는 지역 주민의 일상을 어떻게 변화시킬 것인가, 변화되는 일상을 사업에서 어떻게 구현할 것인지

175

점검해보고, 생활문화 사업의 맥락을 어떻게 잡고 가야 하는지 진지하게 나눠볼 필요가 있다고 생각했습니다.

당부 드리고 싶은 말씀은, 문화원에 산적한 여러 문제들이 있지만 근본적인 문제 말고, 오늘은 생활문화와 관련된 얘기만 집중적으로 말씀해주시면 깊이 있는 논의가 이뤄질 것 같습니다. 초점을 명확히 하기 위해 특별히 이동준 이천문화원 사무국장님께 발제를 부탁드렸습니다. 이동준 국장님의 이야기를 시작으로 진지하게 논의해보면 좋겠습니다.

생활문화를 가로막는 적들

이동준 지역문화진흥법에서 생활문화를 규정하고 있지만, 생활문화를 확산해가는 미션을 응당 문화원만 가지고 있는 것은 아니죠. 문화재단, 문화의집, 생활문화센터 등도 있을 것 같은데, 과연 지방문화원은 어떤 시각으로 생활문화를 받아들이고 고민해야 하는지 사업적인 측면이 아닌 보다 근본적인 관점에서 고민을 해달라는 요구가 있었습니다. 제가 생활문화 사업을 3~4년 정도 수행해오면서 고민했던 것인데요. 문화가 처음부터 전문 영역이었던 사람은 없었을 것입니다. 흔히들 우리 삶 자체가 문화라고 하잖아요. 특히 문화를 어원적으로 얘기하면 '재배하다'라는 의미를 갖는다고 합니다. 기나긴 인류의 발전 단계 중 인간이 농경 생활을 하고, 물적 토대를 만

176

들기 시작하면서 인류의 삶을 'cultivate'로 표현하는 것 같아
요. 또 한편으로는 농경 생활뿐만 아니라 짐승을 키우고 수렵
하며 살아온 시기가 있었거든요. 그것의 대표적인 표상으로
볼 수 있는 문자가 '옳을 의(義)' 자인데 '양 양(羊)' 자 아래에
'나 아(我)' 자가 있지 않습니까. 양이나 소 같은 짐승을 바치는
제사 행위로 문화의 요소를 설명할 수 있을 것입니다.

문화와 문명의 가장 큰 차이를 보자면, 문화를 통해서 형성된
물적 토대 위에서 성취된 것을 문명이라고 표현하는 것 같아
요. 거시적으로 보자면 '지질대'라는 것이 있지 않습니까. 고
생대, 중생대, 신생대, 신생대를 다시 나눈 것 중 4기에 속하는
현세를 홀로세(Holocene)라고도 이야기하죠. 이렇듯 오랜 시간
지질학적 연대를 거쳐 살아온 인류 문명 속에서 과연 인류의
삶의 자취는 무엇인가 생각해 볼 때, 산업혁명을 대표하는 콘
크리트, 공장에서 사육하듯 대량으로 길러진 닭의 뼈, 이런 것
들이 미래 인류가 지층에서 현세를 알아볼 지표 화석이 될 것
이라는 주장도 있습니다. 이런 이야기를 접하면 단순히 공연,
전시의 문화가 아니라 삶의 양식을 어떻게 바꿔야 할까, 삶의
대안은 무엇일까, 이런 질문들 자체가 문화의 본질이라고 생
각합니다. 덧붙여 교육, 환경, 복지 등 우리 삶의 전반적인 부
분을 확장해서 고민하는 게 필요하고, 그래야만 지역의 문제
를 풀 수 있다고 생각합니다. 단순히 문화를 우리가 살고 있는
지역에서만 보자는 것은 아닙니다.

어제 텔레비전에서 〈글로벌 지식포럼〉이라는 프로그램을 봤

는데 '개인용 수직이착륙 전기항공기의 시대를 열자'는 제안에 대해 이야기하더라구요. 그것은 우리가 고민하는 지역문화와는 정반대로 지역의 속성을 없애는 글로벌화의 과정이라고 보입니다. 노아가 생각이 나는데요. 노아는 시대의 환경 위기를 감지하고, 다른 방식의 삶을 살려고 했거든요. 다른 방식의 삶을 시도하고, 많은 사람들과 함께하고 싶었는데 그런 부분들이 쉽지 않았죠. 당시의 기술들이 방주를 짓는 데 동원되지 않고, 먹고 즐기는 것에만 이용되었는데, 과연 현재 우리의 문화는 공연하고, 전시하고, 놀고, 먹는 편의성을 충족하는 데에만 의미가 있는 것일까 생각했을 때 그런 거대한 힘에 반발하는 힘이 필요하다고 생가합니다.

그런 점에서 좀 더 미시적으로 생각해보면 좋을 것 같은데요. 미시적인 생각 속에 해결책이 있다고 생각합니다. 제가 쓴 글에서 '공주님'으로 생활문화를 표현했습니다. 생활문화가 지역문화진흥법에서 스포트라이트를 받으면서 등장했다고 표현했는데 이 공주를 위해 수많은 왕자와 귀족이 다가서서 구애를 하고 있는 것이죠. 아쉽게도 사이비 문화들이 공주를 둘러싸고 환심을 사기 위해 유혹을 하고 있습니다. 이런 상황에서 흔해빠진 결론이지만 과연 공주는 유혹에 빠지지 않고, 진정성 있는 사람과 결혼하려면 어떻게 해야 하는가라는 비유를 했습니다.

생활문화를 가로막는 '적들'이 있는데, 저는 그 중 하나가 '전문가'라고 생각합니다. 생활문화가 생활문화다우려면 전문가로부터 벗어나야 합니다. 우리가 추구하는 생활문화라는 것은 전문가나 시설, 관리자 중심이 아니라 우리가 사는 골목이나 마을, 삶터에서 실현되는 문화적 활동들입니다. 또한 지역에 활기를 가져오는 일은 결코 전문가에게 맡길 수 없으며, 주민 스스로 중심이 되어야 합니다. 하지만 우리는 문화를 계속 전문가의 영역으로 생각해왔는데요, 소위 '약은 약사에게 예술은 예술가에게'라는 관점으로 이야기하게 되면 우리는 항상 위축되고, 어설픈 아마추어의 입장이 될 수밖에 없는 거죠. 그런 패러다임을 벗어나지 않는 이상 진정한 생활문화가 될 수 없다고 봅니다. 주민들이 현재 어떻게 살고 있는지, 어떻게 지역을 만들어가야 하는지 주민들 스스로 성찰할 수 있는 기회를 만들어주는 것이 필요한데, 우리는 너무나 성급하게 사업에 내몰리고 프로젝트에 매달리고 있던 거죠. 어떻게 보면 생활 현장 속으로 들어가는 게 중요한데 우리는 생활 현장 쪽으로 들어가기보다 껍데기인 사업의 형식에만 치중하고 있던 것은 아닌가 반성하게 됩니다. 하지만 한편으로는 주민들의 생활 속으로 들어가는 것은 정글로 들어가는 것보다 더 깊고, 위험하게 보일 수도 있을 것입니다. 그런 부분을 마주할 때 진정성 있게 주민들의 욕구와 생활 속으로 들어가는 준비를 할 수 있는 플랫폼을 만드는 것이 중요하지 않을까 생각합니다.

생활문화를 규정하는 중요한 키워드가 있는데 첫 번째는 '지역성'입니다. 생활문화에서 지역성이 거세되면 더 이상 생활문화가 아닙니다. 지역문화진흥법에서 규정한 생활문화를 애

179

기하면서 왜 저마다 보편적인 생활문화를 이야기하고 있을까 고민했습니다. 주민들의 일상생활을 고민해야 합니다. 저마다 지역 주민의 삶의 현장이 다르고, 살아온 환경이 다르고, 사건이 다르고, 자연환경과 역사가 다르기 때문에 일상적인 삶의 공간을 우리가 주체적으로 바라보는 것이 중요합니다. 주민들의 눈으로 바라본 공간은 더 이상 획일적인 공간이 아니고, 땀이 스며든 공간이거든요. 그래서 '장소'라는 의미로 변화되는 것이죠. 그런 측면에서 지역을 바라봐야 하는데 오늘날은 프레임이 갈수록 지역성을 해체해버리는 상황이라 그 안에서 지역을 살려야 하기 때문에 지역성을 염두에 두지 않으면 진정한 생활문화를 이루기는커녕 오히려 농조하는 것이 됩니다. 지역성이 약화되는 시대에 어떻게 하면 생활문화가 지역문화를 살리는 방향으로 작용하게 할 수 있을까 생각하지 않으면 그저 그런 똑같은 생활문화 형태, 문화학교나 평생학습의 수준에서 유사 사업을 반복하는 형태로 갈 수밖에 없지 않나 생각합니다. 그래서 우리들이 하고 있는 생활문화가 여전히 전문가들의 지도와 훈수를 들어야 하는 상황으로 가고 있다면 심각하게 반성이 필요하겠다고 생각합니다. 이런 부분들이 계속 진행되면 우리의 공주님인 생활문화는 어디에서나 통용될 수 있는 것이라고 믿게 되는 유혹에 빠지기 쉽고, 보편적으로 확산해서 많은 사람들이 향유하는 쪽으로, 어디서나 통용되도록 만드는 유혹에 빠지기 쉬운 것이죠. 우리는 그런 부분과 싸워가야 합니다.

두 번째는 자발성인데 생활문화의 자발성은 주민들의 내부에서 나와야 합니다. 하지만 우리나라의 자발성은 사이비 자발성이 만연합니다. 대표적인 것이 한국문화원연합회의 '문화자원봉사'입니다. 자원봉사는 '공짜'와 '허영심'이 합쳐진 말이라고 생각합니다. 저도 제 아들에게 자원봉사를 시키고 있지만 '점수 따기'식은 정말 아니라고 생각합니다. 경제적인 대가가 끊어진다면, 인건비, 교통비가 없어진다면 아무도 가담하지 않는 사이비 자원봉사에 우리가 어디까지 가담해야 하는가 고민이 됩니다. 또한 지역의 주민이 주인공이라고 얘기하면서 결국은 예술가나 전문가의 보조적 위치에 머물도록 한다면 주민은 결코 주체가 될 수 없고, 자발적인 활동은 불가능하겠죠. 하지만 여전히 전문가들은 주민들 앞에 군림하려 하고, 계몽하려고 합니다. 그렇다고 아직 준비되어 있지 않은 주민을 주체로 몰아세우는 것도 위험합니다. 과도하게 주민들에게 처음부터 역할을 강조하거나 대책 없이 권한을 이양하여 거짓주체의 자리에 앉게 하는 것도 위험하다고 생각합니다. 정리하자면 진정한 생활문화는 공연장이나 전시장과 같은 구별된 '공간 너머'에 있고, 주민들을 관객으로 보는 '태도 너머'에 존재하지만, 한편으로는 거짓주체로 동원하는 것도 위험하다는 것입니다.

세 번째는 일상성입니다. 일상성이야말로 생활문화를 규정짓는 키워드라고 생각합니다. 일상성은 현재를 살아가는 삶의 양식인데 이 부분은 언어적 측면, 특히 전통문화와 문화유산

181

을 담당하는 지방문화원에서 가장 신경 써야 할 부분이죠. 그 동안 우리가 해왔던 향토문화나 전통문화는 대부분 어려운 옛 말들에 사로잡혀 있었습니다. 예를 들어 〈진단타려도(陳摶墮驢 圖)〉와 같은 언어를 '일상언어'로 바꾸는 것을 가장 먼저 해야 하지 않을까 생각합니다. 그게 문화원이 가장 강점이라고 생 각하는 전통문화의 영역에서 일상문화화하는 중요한 기초라 고 생각합니다. '세종대왕역', '김삿갓면', '미추홀구'라든지 이 런 구체적인 행정구역의 이름들을 쉽게 찾아내는 방법들도 하 나의 좋은 길이 아닐까 생각하고요.

또한 우리가 생각할 부분이 생활영역인데요. 주민들의 삶의 영역들, 일상생활과 구술 이런 부분들은 역사를 더욱 풍성하 게 만듭니다. 일상의 위대함은 이렇게 이름 없는 주민들을 주 목할 때 만들어지는 것이죠. 〈반지의 제왕〉의 호빗은 소심하 고 소시민적인 부분도 있지만 그런 사람이 영웅이 되기도 합 니다. 우리 주변에서 영웅을 찾아주는 역할을 문화원이 해야 하지 않나 생각합니다. 일상성의 힘이라는 것은 모든 역사의 질곡과 어려움을 통과해낸 진정성이 그 사람들의 일상 속에 스며들어 있기 때문에 나오는 것이라고 생각합니다. 그래서 그 사람들의 생활 방식에 주목해야 하는 것인데 한편으로는 그 일상성 속에도 위험이 있습니다. 그런 부분들이 일상적인 잡담이나 호기심이나 관광, 축제로 타성에 젖어 흐른다면 그 것 또한 문제가 될 수 있다고 생각합니다. 그런 부분들로부터 구해내는 작업들이 필요합니다.

결론적으로 생활문화는 주민들의 일상생활 속으로 들어가야 하는 것이고, 주민들 가운데서 영웅을 찾아내고, 주민들이 알기 쉬운 일상언어로 해석하는 과정도 필요하죠. 그래서 생활문화는 생활 현장 중심으로 눈을 돌려야 합니다. 우리의 사고를 전환해 지역의 지역성을 깨우는 작업들이 생활문화의 미션이 되어야 하지 않을까 생각합니다. 강좌나 문화학교 사업 이전에 주민들이 관점을 가질 수 있도록 하는 작업들이 선행되어야겠고, 지역을 현재형으로 바라보는 관점이 필요합니다. 그래서 삶의 이야기 속으로 들어가 기록되지 않은 이야기, 사람들의 몸과 삶, 아픔과 기쁨 등 생활인 일상성 속에서 그 사람들의 영웅성을 찾아주는 작업들이 필요하겠고, 갈수록 우리의 작업을 퇴색화시키고 보편성과 편리성이라는 이름으로 밀고 들어오는 힘을 지역의 힘으로 '장소'로 바꿔내고 '자원'으로 만들어내고 새롭게 이해하고 의미 부여하는 것이 문화원이 해야 할 일이 아닐까 생각합니다.

무엇보다도 사업을 대할 때 도구적 측면이 아닌 진정성을 가지고 생활문화를 마주해야겠습니다. 그래서 문화원은 '지역으로 가라', '지역 주민의 삶으로 들어가라', 이러한 모토를 가지고 지역과 지역 주민을 만나고, 세우는 일을 해야겠고, 그것이 생활문화가 되겠죠. 이렇게 생활문화에 대한 프레임을 바꾸는 일부터 시작해야 하지 않을까 생각합니다.

최영주   여러 가지 도전적인 말씀을 많이 하셨는데 국장님들의
의견을 들었으면 좋겠습니다. 오늘 집담회의 목적은 여러 국
장님들의 의견을 듣고, 문화원연합회 입장에서 어떻게 연계
구조를 가지고 생활문화 사업을 바라볼 것인지 합의의 장을
마련하고, 그것들을 가지고 생활문화 사업의 방향을 설정하는
데 있어 문화원연합회가 어떤 역할을 해야 하는가 단초를 마
련하려는 자리니 기탄없이 여러 얘기를 나눠주시면 감사하겠
습니다. 고영직 선생님, 지금 말씀하신 부분에 대해 여러 생각
이 드실 텐데 말씀해주시죠.

고영직   이동준 국장님의 문제의식이 날카롭고, 지금의 생활문
화 현장의 담론이나 정책 사업의 한계와 대안에 대해 잘 말씀
해주신 것 같습니다. 요약하자면 '생활문화를 지역문화라는
전체 틀 속에서 어떻게 풀어나갈 것인가' 이게 가장 큰 숙제인
데 그걸 지역문화진흥원도 못 하고 있거든요. 무엇보다도 생
활문화의 적으로 전문가를 경계해야 한다고 말씀하신 것에 동
의합니다. 지역에서 우리 동네는 결핍되어 있고, 부족하고, 상
처가 많고, 격차가 있고… 지역을 이런 위계와 하위 범주로 설
정하게 되면 자기가 사는 지역을 제대로 볼 수가 없거든요. 지
역이 가진 고유한 자산들에서부터 출발하자는 입장과 자발성,
일상성에 대해 말씀해주셨잖아요. 어떻게 보면 이것이 생활문

화의 주요한 키워드인데 상당히 중요한 시각 전환이라고 봅니다. 어떻게 지역문화 속에서 생활문화를 위치 짓고, 그것을 지역 자원과 연결하여 새롭게 발굴하고, 재해석하고, 기존의 사업을 재구조화할 것인가 이런 사유와 실천의 단서를 제공해주신 것으로 보고 있습니다.

최근 일각에서 생활문화를 '생활예술'의 영역으로 축소시키려는 경향이 있는데, 생활을 삶 자체라는 관점에서 바라볼 때 예술이라는 범주로 환원시키면 범위가 축소됩니다. 특히 서울문화재단에서 생활예술 사업을 적극 밀고 있는데 저는 그런 경향에 단호히 반대합니다. 이동준 국장님께서도 보편성의 범주에서 볼 게 아니라 지역의 관점에서 고민해야 한다고 말씀해주신 것 같습니다. 저는 생활문화를 기본적으로 '라이프스타일'로 봐야 한다고 생각합니다. 생활문화를 통해서 한 사람의 개인을 '각자'와 '각자'로 연결하는 게 중요합니다. 한국 사회에서 부족했던 것이 '더 많은 개인주의'라고 할 때 각자가 혼자 설 수 있고, 그렇게 혼자 선 사람들이 나란히 설 수 있는 연립(聯立)의 토대를 만든다는 차원에서 생활문화가 의미 있을 것이라고 보고 있습니다. 다시 표현하자면 우리 일상의 '리듬'을 어떻게 바꿀 것인가라는 차원에서 생활문화를 이해해야 하는 것이죠. 다시 말해 우리가 사는 대한민국이라는 커뮤니티의 리듬을 바꾸고, 영원한 성장이 가능할 것이라는 기존 질서의 리듬을 따라가는 것이 아니라 새로운 리듬을 만들어야 하는 운동성을 갖추어야 한다는 것입니다. 이동준 국장님 말씀으로 번역을 해보면 '지역문화 속에서 생활문화를 어떻게 포지셔닝할 것이냐'의 문제라고 볼 수 있을 것 같습니다.

생활문화와 문화원의 역할

최영주 생활문화가 무엇인가에 대한 논쟁거리가 있어 보입니다. 하나는 '생활문화는 생활예술이다'며 문화를 예술의 차원으로 축소시켜 이야기하는 입장인데 서울문화재단을 중심으로 논의되고 있습니다. 이것은 현실적으로 생활문화는 방대하니 생활예술로 좁혀 이야기하자는 것으로 보입니다. 나음은 '생활문화는 라이프스타일이다'라고 정의하고 삶을 변화시키고, 라이프스타일을 변화시키는 일상의 회복에 집중하자는 흐름이 있습니다. 또 하나는 이동준 국장님이 얘기하신 것처럼 생활문화를 지역성이 살아 있는 '로컬 컬처(local culture)'로 봐야 하지 않나, 지역문화를 어떻게 생활문화 차원으로 만들 것인가에 대한 깊은 고민을 하는 흐름입니다. 사무국장 연수를 지켜보면 생활문화를 지역문화원에서는 공연, 전시, 강좌, 동아리 사업이라고 보는 측면이 강한 것 같습니다. 그럼, 정민룡 선생님, 요즘 생활문화에 대한 다양한 논의들에 대해 한 말씀 해주시죠.

정민룡 여러 선생님들께서 생활문화에 대한 문화원의 역할을 논의하고 계십니다만 생활문화에 대한 개념과 담론에 대해 제 나름대로 정리를 하고, 그것이 지방문화원의 역할과 맞춰봤을 때 얼마나 비슷한 부분이 있는지 따져보는 것도 좋을 것 같습니다. 제가 먼저 약간 쓴소리 내지는 비판을 하겠습니다.

최영주 네, 전체 문화원이라고 생각하고 듣겠습니다.

정민룡 네. 전체 문화원이고요. 아까 이동준 국장님께서 생활문화를 가로막는 적을 전문가라고 하셨는데 저는 가로막는 적이 전문가이기도 하지만, '지방문화원' 또한 적이 될 수도 있다고 생각합니다. 물론 문화의집도 될 수 있고요. 생활문화가 왜 갑자기 조망받는가 생각했을 때 몇 가지 이유가 있는 것 같은데요, 저는 문화를 신화적으로 바라봤었습니다. 문화는 일상에서 이루어지지 않는다고 생각했어요. 문화는 특별하게 의도를 가지고 하는 특별한 활동이라고 생각했었고, 온 국민이 모두 문화를 그렇게 생각했었죠. 전시, 공연 같은 것이 문화적 활동이라고 생각한 거예요. 일상과 대비되어 특별함을 주는 것을 문화라고 생각했습니다. 특별하고, 권위적이고, 있어 보이는 것이라고 생각했는데 그것이 문화를 신화적으로 바라보는 관점입니다.

전통문화도 마찬가지입니다. 제가 문화원이 곧 전문가와 같이 적이라고 말씀드린 것은 꼭 문화원을 꼬집어서 이야기하는 것은 아닙니다만, 그렇게 형성된 담론 자체가 문화의 전부라는 인식이 확산되었고, 문화원에 다닌다고 하면 지역 유지이거나 있어 보이는 사람, 지역에서 힘 좀 있는 사람이라고 생각을 하게 되거든요. 문화 자체를 일상과 분리해 신화적으로, 특별한 것으로 생각되도록 뿌려지다 보니 그것과 대비되어 문화를 향유하지 못하는 사람들, 그런 사람들을 민초나 민중이라고 친다면, 민중들은 문화에 자연스럽게 접근하는 데 장벽이 있었던 겁니다. 그러다 보니 정책에서도 역설적으로 국민들이 문화를 누릴 수 있는 권리를 확장하기 위해 생활문화라는 용어를 쓴 것이죠. 굳이 따지자면 생활문화에서 '생활'이라는 용어는 필요 없습니다. 차라리 '생존문화'라고 하는 것이 나을 것 같아요. 생활문화라는 말을 굳이 쓰는 것은 '생활체육'과 비슷한 개념에서 용어가 나왔기 때문입니다. 생활체육의 경우 프로들이 하는 것을 생활체육이라고 하지 않잖아요. 프로가 아닌 사람들, 아마추어들이 하는 것을 생활체육이라고 보통 이야기하거든요. 생활체육이라는 담론과 생활문화 담론을 동일하게 봤을 때 그동안 지방문화원은 오히려 프로들을 위한 문화 활동들을 주로 해왔다고 보았고, 생활문화가 지방문화원에는 맞지 않은 옷일 수도 있겠다는 생각이 들었었습니다.

저도 사실 지금 생각하는 생활문화에 대한 개념이 헷갈려요. 오히려 솔직하게 생활문화를 민초, 민중, '하위의 것'들(아랫것들)이 누리는 문화라고 규정하고, 이 사람들이 무엇을 할 수 있을까 고민하는 게 더 낫지 않나 싶습니다. 문화가 가진 신화적인 속성 자체를 깨는 것에서부터 지역의 문제도 풀릴 수 있지,

188

그렇지 않으면 '상위 문화 따라 하기'밖에 안 되거든요. 제가 생활문화 축제를 하면서 한편으로는 서러웠던 게 지나가는 예술가는 그 축제를 보며 웃어요. 자기 생활이 반영되는 것이 아니라 따라 하기밖에 안 되는 거예요. 문화 활동을 한다고 하면 백화점에서 그림 배우고, 난 치고, 갤러리 빌려서 전시하고, 작가 타이틀 달아주는 것을 마치 생활문화를 누리는 것이라고 왜곡된 생각을 갖게 한 주범이 바로 문화가 가진 신화라는 것입니다. 지역문화가 가진 신화라는 점에서 문화원이 그 중심에 자리 잡고 있지 않았나 하는 생각을 했었습니다. 저는 이틀을 깨지 않고서는 문화원이 됐든 어디가 됐든 우리가 하려고 하는 생활문화를 일상으로 접근시키기 어렵다고 봅니다. 그리고 앞으로도 깨기 어려운 문제이지 않을까 생각합니다.

최영주   문화라는 부분이 신화라는 외피를 둘러싸고 평소의 일상을 벗어나 특별한 재능을 키우는 부분과, 문화 강좌를 계속 배우다가 마스터클래스에 집중하는 것도 같은 맥락이라고 보이는데 그런 고민의 대안으로 따로 하시는 사업이 있으면 소개를 좀 부탁드립니다.

정민룡   저희는 '역할 분담'이라고 생각합니다. 강좌가 필요한 곳이 있으면 강좌를 열면 돼요. 저 같은 경우 문화의집에 있다 보니 강좌를 아무리 열어도 백화점 강좌와 비교했을 때 경쟁력이 없어요. 그렇다면 우리는 그 강좌를 열 필요가 없습니다.

우리에게 강좌를 열라고 하는 것은 주민의 수요가 있기 때문인데 그와 같은 이유라면 다른 곳에서 열게 해도 되거든요. 하지만 진짜 하고 싶은 것은 우리에게 와서 생활문화를 한다면 조금 더 특별하거나 가치 있거나 의미 있게 누리도록 하자는 것입니다. 예를 들어 텃밭 가꾸기는 주말농장이라면 다 해요. 그럼 우리 문화의집에서 하는 텃밭 가꾸기는 뭔가 달라야 합니다. 다른 가치를 만들어야 한다는 이야기죠. 그 가치에 동의하고, 재미있는 사람은 여기로 와서 같이 하자는 뜻이거든요. 개인적으로 누리는 생활문화는 개인 혼자서 누리면 되는데 문화원이나 문화의집이라는 새로운 장소 경험이 있잖아요. 새로운 장소에서 또 다른 생활문화를 만들어내는 것이 문화원과 문화의집의 역할이라고 보는 깃이죠. 혼자 집에서 책을 보는 것과 나와서 같이 책 보면서 이야기하는 것은 독서라는 행위는 비슷할 수 있지만 효과나 가치 자체가 달라질 수 있어요. 혼자 누리는 생활문화하고 다르게, 여럿이 독서회를 꾸려 재밌는 책을 읽고, 낭독회도 할 수 있잖아요. 그런 활동을 문화의집이나 문화원에서 할 수가 있거든요. 아까 라이프스타일 얘기하셨는데, 개개인의 라이프스타일을 광장으로 끌고 와서 같이 공유하는 새로운 라이프스타일로 만들 수 있다고 생각합니다. 그런 프로그램 속에서 일상성이 만들어지는 것이죠.

최영주　광주광역시에도 문화원이 있잖아요. 광주의 문화원은 어떤 이미지로 인식되어 있나요?

정민룡　주민들이 문화원이나 문화의집을 잘 모르기는 합니다. 농촌과 도시는 조금 다른데요. 농촌 같은 경우에 문화원이 중심이라는 이미지가 있는데, 광주의 경우는 중심이나 거점이라는 느낌보다는 여러 기관 중 하나로 존재감이 없는 게 사실이죠. 그것은 활동을 잘못해서가 아니라 도시는 새로운 문화나 유행이 빠르다 보니까 문화원은 유행에 뒤처진다는 이미지가 있는 것도 사실이죠. 도시 문화원은 신화적 이미지가 사실 없지만, 농촌으로 갈수록 문화원의 입김이 더 셉니다. 그러다 보니 거기서 만들어진 문화가 상위 문화처럼 되어버리기도 하죠. 저는 이런 권위를 깨지 않고서는 생활문화에 접근할 수 없다고 봅니다. 생활문화는 민초(民草)들의 것이라고 보거든요. 차라리 이렇게 정의하는 것이 개념이 더 잘 잡힐 것 같습니다. 민초들의 움직임, 아랫것들이 하는 어떤 것…. 저는 이렇게 생활문화를 생각하는 게 오히려 쉬울 것 같습니다.

'이야기주권'의 회복과 문화민주주의

최영주　여러 질문들이 있으실 것 같은데 자유롭게 말씀해주세요. 다음은 인천 미추홀구 학산문화원의 박성희 사무국장님이신데, 학산문화원은 문화원이지만 지역에서 재단의 역할을 하고 있습니다. 박성희 국장님께서 인천지역 생활문화에 대해 말씀해주시면 좋겠습니다.

191

박성희　생활문화라는 말이 갑자기 대두되면서 아직도 그 개념에 대해 혼란이 있지만, 생활문화라는 말이 나오기 전에 문화원에서 어떤 일을 해야 하는지에 대한 고민이 있었습니다. 문화 강좌들은 주민센터나 평생학습관에서 진행하는 게 맞다고 생각하고, 문화원은 지역사회에서 공동체 회복이나 지역성을 회복하는 차원의 사업이 필요하지 않을까 생각했습니다. 그래서 개인의 취미나 교양 강좌는 주민센터로 다 보내고, 지역 공동의 이슈나 화두가 되는 것을 가지고 프로젝트를 진행했어요. 각 동의 주민센터나 기관과 연계해서 각 동별로 동아리를 구성해 매년 지역에서 화두가 되는 공동 테마를 가지고 마당극을 만들었는데, 주민들과 상의해서 주제를 정하고 자료조사를 거쳐 기획을 한 후에 예술가와 결합하여 주민이 참여하는 연극을 만들어 축제를 진행했습니다. 그런 과정을 4년 정도 진행해서 지금은 어느 정도 정착 중에 있습니다. 그 와중에 생활문화가 대두되면서 우리가 하고 있는 것은 생활문화가 아닐까 생각했지만 공동체예술, 시민예술이라는 기존의 용어가 있는데 여기서 생활문화를 어떻게 이해해야 할지 혼란스러움이 조금 있었습니다. 제 나름대로는 공동체예술 중심으로 가는 것이 생활문화가 아닐까라는 생각으로 계속 진행해왔던 거죠.

제가 중요하게 생각하는 것 중 하나가 '이야기 주권의 회복'이라는 말입니다. 어떤 것을 모방하지 않고 창작하는 것, 그리고 스스로 비판과 성찰을 회복하는 것이 문화민주주의라고 보는데, 저는 생활문화가 문화민주주의의 길목에 있어야 한다고

192

생각합니다. 독일이 2차 세계대전 이후에 전 국민을 대상으로 민주주의 교육을 시켰던 것처럼, 현재 한국 사회에서 생활문화에는 일종의 촛불 정국이 각 마을 단위로 내려가서 우리 의식 구조의 전환이 있어야 한다고 생각하거든요. 그래서 창작과 비판이 회복이 되고, 그 속에서 지역성과 함께 문화민주주의의 길로 갈 수 있도록 하는 것이 생활문화가 만들어야 하는 것이 아닐까 이런 생각을 하고 있습니다.

최영주　지난 10월 말 한국문화원연합회에서 〈지방문화원 발전 포럼〉을 개최했습니다. 지방문화원 실태 조사를 바탕으로 향후 지방문화원이 발전하기 위해 필요한 솔루션 2가지가 특징적으로 제시되었는데, 그 첫 번째가 '오픈 플랫폼'으로의 전환이고, 두 번째가 '지역학'을 특화시켜 지역특성화를 위한 사업을 추진해야 한다는 것이었습니다. 경기도문화원연합회에서 경기문화재단과 협력하여 추진한 '생활문화플랫폼' 사업이 경기도 지방문화원의 사업 추진 구조를 '오픈 플랫폼'화시키는 것이 가능할까 하는 실험이었습니다. 생활문화 플랫폼 사업을 하셨던 국장님들께서 얘기를 좀 해주셨으면 좋겠습니다. 지역문화원은 오픈 플랫폼으로의 전환이 가능할까요?

이동준　정민룡 선생님이 말씀하신 것처럼 문화원 스스로가 지역문화에 장애가 되고 있는 게 아닌가에 대한 성찰은 중요한 부분이라고 생각합니다. 말씀하신대로 전통은 문화원, 생활과 현재는 문화의집, 예술은 예총, 전통문화·향토문화는 문화원…, 이런 갈래의 사고방식 자체가 장애가 될 수 있겠다 생각합니다.

전통문화라는 것이 당시에는 현재적 삶의 문화였잖아요? 우리가 어느 시점에 와 있고, 시간은 흐르는 것인데 크로노스(Chronos)적인 시간이 아니라 우리 삶의 애환이 있는 시간들, 그런 부분들로 유기적으로 볼 때 단절적으로 과거는 너희 영역, 현재는 우리 영역 이렇게 나눌 수 없는 것이지요. 그렇다면 과거를 어떻게 현재화시킬 것인지, 현재는 미래로 어떻게 흘려보낼지 물꼬를 터주는 작업이 필요한데 오히려 막아놓고 이건 우리 영역이라고 주장하는 것은 어느 기관이든지 생활문화를 가로막는 적이라고 생각합니다.

그렇다면 문화원이 어떤 부분으로 접근해서 전통문화를 재해석해야 하는가인데, 거기서 발상의 전환이 될 수 있는 글자가 온고지신(溫故知新)이거든요. '고(故)'자를 '옛 고(故)'자를 쓰는 것이 아니라 '연고 고(故)'자를 쓰잖아요. 당대에 살아왔던 사람들이 어떤 문제의식을 갖고 살아왔는지 물어보고, 우리는 어떻게 해야 할 것인지 계속 묻도록 작용할 수 있게 만들어주는 것이 '연고 고(故)'자를 쓰는 이유거든요. 내가 태어난 이 지역에서 나는 다시 어떻게 살아야 하며, 다음 세대를 사는 사람들에게는 어떤 식으로 작용해야 하는지 지속적으로 묻게 해주는 것이 중요한 것이죠. 전통문화 역시도 특정한 계층이 누리는 전통문화가 되었다면 그런 것을 어떻게 현재적 의미로

194

재해석하고, 전통과 민속을 보다 많은 민중들이 느끼고, 즐길 수 있는 방향으로 전환할 것인지 고민한다면 그것도 생활문화일 수 있다고 생각합니다. 우리가 지역학과 아카이브를 준비해야 하는 이유는 지역의 정체성을 고민하면서 현재적 삶의 의미를 되새길 수 있는 '거리'를 만들기 위해서이고, 그게 문화원이 해야 할 일이라고 생각합니다.

지역 '사람'에게 초점을 맞추어야 한다

최영주 우스운 얘기일 수도 있는데, 생활문화 하면 '문화원은 전통문화니까 생활문화를 하면 안 된다'라는 인식이 있는 것처럼 보입니다. 이런 문제에 대해서 국장님들은 어떻게 생각하시나요? 제가 '수상한 이분법'이라고 자주 표현하는데, 이를테면 예술은 예총, 역사는 문화원, 전통문화는 문화원, 생활문화는 문화재단이라고 생각하는 이분법들이 있는 것 같습니다. 공무원들의 칸막이 행정에 우리들의 사고도 익숙해진 것 아닌가 하는 생각을 하면서 씁쓸해진 기억이 있습니다. 이러한 사고로부터 탈피하기 위한 노력이 필요해 보입니다. 제가 모 문화원에 갔을 때 "생활문화는 재단 사업인데 우리가 해도 되나?"라는 말을 들었습니다. 문화원이 생활문화를 어떻게 생각하는지에 대한 논리 개발의 무기를 삼았으면 해서 말씀을 드렸습니다. 의정부 국장님, 한 말씀 해주시죠.

박정근   제가 1990년도에 의정부라는 도시에서 극단을 만들었어요. 창단 멤버였고, 당시 거의 막내였죠. 그리고 극단이 생긴 지 6개월 뒤쯤 의정부문화원이 만들어졌는데, 우리가 극단을 만들면서 앞으로 어떤 활동을 할 것이다 하고 만든 것과 6개월 뒤에 만들어진 문화원이 내세운 목표기 똑같았습니다. 문화원은 모든 것을 다 하겠다고 얘기했던 거죠. 그런데 1990년도에 함께했던 선후배들과 이 얘기를 하면서 "왜 꿈은 그대로인데, 같이 그 꿈을 꿨던 사람은 남아 있지 않나?" 이런 질문이 생기기도 했습니다. 제가 이 얘기를 서두로 꺼내는 이유는 문화원도 그랬을 거라는 생각이 들어서입니다. 문화원이 처음 만들어졌을 땐 문화원을 통해서 지역문화를 발전시키고, 시민 나이가 국민들이 문화를 누리며 살 수 있는 조직과 기반이 될 것이라는 큰 포부가 있었을 것입니다. 그런데 어느 순간 그런 목표를 포기하게 되고, 왜곡되고 변화되고 뒤죽박죽이 되어버렸죠. 지금 현시점에서 문화원에 들어와 있는 저는 많은 혼란 속에 있습니다. 가장 큰 고민이 '생활문화'입니다. 생활문화가 왜 튀어나왔는지 생각해보면 문화를 생활체육과 맞추다 보니 생활문화가 탄생하지 않았을까 생각합니다. 생활체육이 성공하니까 문화에도 생활이라는 말을 붙여서 따라가는 것 아닐까 생각했어요. 엘리트 체육 정책으로 가니까 올림픽에서 금메달도 따고 성과를 좀 봤잖아요? 예술도 엘리트 예술로 바뀌고, 문화도 체육을 따라가는 것 같습니다.

또 이동준 국장님께서 전문가의 폐해에 대해 말씀해주셨는데,

저는 전문가 집단을 새로운 신약 개발하면 약 먹이는 그런 사람들 아니냐고 이야기한 적 있어요. 전문가라는 몇몇 사람들이 신약을 개발하는 것이죠. 생활문화라는 키워드를 가져와서 실험을 하는 겁니다. 그런데 제일 만만한 게 문화원이었고, 거기에 생활문화라는 약을 먹입니다. 문화원 다음에는 문화의 집, 시민단체, 그렇게 죽 훑으며 여기는 부작용 있고, 여기는 없고… 이런 식으로 샘플링을 해가는 거죠. 문화원이 그 실험에 가장 먼저 걸렸구나 생각합니다. 이 중에서 좋은 것이 나올 수도 있을 것이고, 전문가는 자기네들이 만들어낸 것이 새로운 개념의 생활문화인 양 어디 가서 던질 것이고, 전문가로 재탄생한 권력자가 되지 않을까 생각하면서 조금은 경멸하고 그랬거든요.

저는 생활문화를 조금 다르게 봤는데요. 민중이라는 말도 좋고 공감하지만, 우리가 예전부터 역사가 진행되면서 지금까지 정상적으로 변해왔다면 지금은 어떤 생활 패턴을 갖고 있을까 생각해볼 필요가 있습니다. 하지만 우리는 그동안 일제도 겪고, 미국이 개입하면서 사대주의에 빠져 단절되는 구간들이 많았던 것 같아요. 그러면서 지역성이 많이 흔들리게 되었죠. 두 번째는 변화의 속도가 어느 순간 너무 빨라졌다는 것입니다. 속도의 변화와 문화가 같이 갈 수 없었던 거예요. 그러다 보니 지역을 기반으로 하는 문화를 찾을 수 없었던 거죠. 이렇게 빨리 변하다 보니 의정부 토박이가 10%도 안 되는 곳에서 살고 있습니다. 의정부에 오면 전국 사람들이 고루 있어요. 그럼 의정부라고 할 수 있을까요? 사람이 달라졌는데 지역성이 있을까요? 거기서부터 우리는 다시 지역성을 찾아야 하는 거죠. 그 변화 속에서 지금 현재의 의정부를 다시 고민해야 하는 겁니다. 하지만 문제는 너무 이분법적이라는 겁니다. 문화원은 전통을 해야 한다고 말합니다. 의정부시에서도 그래요. 그래서 전통에 대해서 찾아봤더니 의정부 전통은 다 양주에서 나왔더라고요. 그럼 양주를 널어낸 의정부 역사는 고작 60년인데 여기서 의정부의 정체성을 다시 찾을 것인지, 아니면 양주에서부터 의정부의 역사를 찾아야 하는 것인지 이게 굉장히 고민이었어요. 이곳에서 찾을 수 있는 문화, 여기서 우리는 생활문화를 찾아야 한다고 생각하거든요. 역사와 현대, 예술과 문화, 이렇게 이분법으로 생각하는 것이 아니라 전체를 종합적으로 고민해야 하는 것이죠. 그래서 여기저기서 모인 사람들, 여러 정체성을 가진 사람들, 출신이 다른 사람들, 이 사람들의 생활에서 달라진 문화를 가지고 새롭게 의정부 지역의 정체성과 인간적 자산, 지역의 자긍심, 지금 의정부의 자랑거리, 지금의 문화 이런 것을 새로이 정립하는 것이 문화원이 해야 할 일이 아닌가 생각합니다.

그래서 의정부문화원에서는 '사람'에 대한 연구를 해야겠다고 생각했습니다. 지역 사람에게 초점을 맞춰야겠다는 생각을 했어요. 그리고 사람을 조사하기 시작했습니다. 토박이로 사는 분들, 결혼해서 온 사람들… 조사를 시작해서 계속 자료를 모으고 있습니다. 거기서 그분들이 가지고 있던 문화들, 생활에

198

서 가지고 있는 문화들을 모으고, 지금 다시 해석하고 나누는 활동을 하고 있습니다. 저희도 생활문화 플랫폼 사업에 참여했습니다. 100명의 이야기를 조사해서 그 이야기를 토대로 '선물'을 만들어주는 프로젝트였는데 선물이라는 주제를 가지고 이야기를 찾기 시작한 거죠. 당신에게 소중한 사람이 있다면 그 사람에게 어떤 선물을 주고 싶은지부터 시작해서 내가 살아온 얘기와 왜 선물을 주고 싶은지 어떤 선물을 줄 것인지…. 선물을 만들어가는 과정을 나누고 선물을 만들면서 기록 일지를 쓰게 했습니다. 매일 사진을 찍으면서 그 사람들의 얼굴 변화를 기록했어요. 그러면서 선물과 함께 나의 마음, 기분, 느낌들을 적은 선물 노트까지 같이 주는 프로젝트였습니다. 정말 신기한 게 30년 넘게 산 부부가 있었는데 서로 먹먹한 사이였는데 부인이 남편에게 기타 연주를 들려주고 싶어 했어요. 부인은 기타강사에게 기타를 배워서 남편에게 연주를 들려주었습니다. 그런데 연주가 끝나고 남편이 조용히 가서 부인을 안아주더라고요. 부인을 이렇게 안아본 게 10년도 넘은 것 같다고 얘기하셨습니다.

저는 이런 생활의 이야기가 프로그램에 담겨졌으면 좋겠습니다. 그냥 문화 프로그램이 아니라 거기에 지역 사람의 이야기를 담고, 공감하고, 또 만들어가는 게 중요한 것 같습니다. 이런 자랑을 왜 하냐면 각 문화원이 가지고 있는 장점들이 되게 많아요. 생활문화에 있어서는 어느 문화원이든 잘하는 게 하나씩은 있다고 생각해요. 다 하려고 하면 역량과 경험이 없고, 199

다 포용할 수 없을 것 같아요. 한 가지씩만이라도 잘하는 걸 찾아내서 잘 뿌리내리게 하고, 문화원 간에 서로 공유하고 한 단계씩 한 단계씩 해나가면 좋겠다는 겁니다. '지금까지 우리가 다 해왔어' 이런 생각 버리고, 하나씩이라도 해보면 좋겠습니다. 그래서 문화원마다 노하우도 쌓고, 강점도 만들면 좋겠습니다.

생활문화,
지방문화원은 어떻게
접근하고 있는가,
해야 하는가 (2)

•••• **때**

2018년 11월 16일(금) 오후 2시

•••• **곳**

대전 KT연수원

•••• **패널**

최영주(사회/ 경기도문화원연합회 사무처장)

고영직(문학평론가)

이동준(이천문화원 사무국장)

정민룡(광주 북구문화의집 관장)

오민영(평택문화원 사무국장)

이병권(시흥문화원 사무국장)

서교송(파주문화원 사무국장)

최영주 네, 여러 가지 얘기들이 나왔는데 생활문화에 대한 정답
이 따로 있지는 않습니다. 다양한 논리 개발을 위한 아이디어
를 얻기 위한 포럼이니 플로어에 계신 국장님께서도 편하게
말씀해주시면 좋겠습니다. 2019년에 경기도에서 생활문화 동
아리 한 곳당 500만 원씩 지원해주겠다고 하는 말이 있습니
다. 지원하겠다는 미션만 있는 것인데, 생활문화 사업을 동아
리 지원사업으로 보고 있는 시각이라고 생각됩니다. 그렇다고

201

생활문화 사업이 동아리 지원 사업이 아닌 것은 아니죠. 새로운 대안과 전망이 필요한 지점입니다. '생활문화란 어떤 것이다'라는 개념이 아직 확고하게 정립되어 있지는 않습니다. 한 가지 정의만 필요한 것은 아니죠. 다만 현재 흐름 속에서 문화원은 어떻게 해야 되는지 논의를 더 해야 할 것 같습니다.

일상을 '특별한 일상'으로 바꾸는 힘

오민영 말씀을 듣다 보니까 제가 생각했던 생활문화에 대해 혼란이 오는데요. 사실 수익 사업을 하지 않는 동아리가 생활문화 동아리라는 기준이 잡히는데, 저는 엘리트 문화도 생활문화라고 생각합니다. 여전히 헷갈리는 게 생활문화도 교육이 필요한데 생활문화를 너무 낮게만 보면 안 되는 것 아닌가 생각이 듭니다. 생활문화를 하기 위해서는 전문가의 도움이 필요한 부분이 상당히 많거든요. 그런데 그런 부분까지 생활문화가 아니라고 하면 너무 좁게 생활문화를 보는 것이 아닐까요? 생활문화를 조금 더 넓게 봐야 하지 않을까 생각합니다.

최영주 대부분 문화원에서 생활문화 사업을 한다고 했을 때 그런 생각들을 하실 것 같아요. 뭐가 생활문화 사업인지, 문화원에서는 뭘 잘할 수 있는지 얘기를 해야 하는데 그 점에 대해서 한번 짚고 넘어가긴 해야 할 것 같습니다.

정민룡　저도 많이 헷갈리는 상황이긴 합니다. 문화가 가진 딜레마 중 하나인데, 문화는 일상이라고 하셨는데 엄격히 말하면 문화가 일상은 아니라고 저는 생각합니다. 말이나 언어는 일상이잖아요. 하지만 그것이 형식을 갖게 되면 예술이라는 형태가 됩니다. 말이나 언어를 형식화하면 이야기나 스토리가 되잖아요. 결국에 생활문화는 언어나 말과 비슷하거든요. 국장님이 얘기하신 것처럼 말이라고 하는 건 항상 일상성을 가질 수밖에 없는데 이게 문화가 되기 위해서는 '가공'이 필요한 거죠.

오민영　언어가 가진 특성이 지역마다 다르잖아요. 그럼 그것 자체가 문화가 되지 않을까요? 강원도 사투리, 전라도 사투리가 그 지역의 문화가 되는 것처럼요.

정민룡　거기서 문화원의 역할이 있다고 봅니다. 아까 '민중'이라는 용어를 썼는데, 소위 아랫것들이 하는 말을 가지고 최소한의 양식화하는 과정이 필요합니다. 의정부 국장님이 얘기하신 것처럼 지역 사람들을 조사한다든가…. 예를 들면 저희도 예전에 〈100인의 시민 아카이브〉를 진행한 적이 있습니다. 이야기를 발굴하는 건데, 부모님과 여행을 다니게 하고, 이것을 글로 써서 아카이브집을 냈습니다. 그게 주는 의미가 뭐냐면 자기 일상이나 추억이라는 것은 언어나 말로써만 존재하는데 그것을 '책'으로 편집하고 편찬하는 그 과정에서 여러 이벤트

203

생활문화, 지방문화원은 어떻게 접근하고 있는가, 해야 하는가 (2)

들이 발생하는 것이죠. 왜냐하면 자기 말을 혼자 가지고 있는 것이 아니라 나눠야 하니까 토크의 장이 열리고, 이야기를 글로 정리하기 위해서 글의 양식이 필요한 것이고, 〈100인의 아카이브〉라는 전시를 통해서 참여하는 100인의 시민뿐만 아니라 주변의 가족까지 함께 와서 이벤트가 펼쳐지는 것이죠.

제가 생각하는 문화원에서 할 수 있는 최소한의 역할이 그런 것이거든요. 어차피 생활문화 지체는 언어와 같아서 흘러가기 일쑤고 그릇에 담을 수 없는데, 소위 전문가라는 사람들이 문화원에서 그런 생활문화를 각색하거나 양식화하는 매개 역할을 한다면 〈100인의 아카이브〉와 같은 또 다른 생활문화가 만들어지는 것이죠. 그래서 생활문화는 상당히 '미시적으로' 보지 않으면 보이지 않습니다. 흘러가버리기 때문이에요. 생활문화를 담당하시는 분들은 강물처럼 흘러가는 것에서 무언가 캐치를 해서 하나의 양식을 만들어내고, 그것을 문화로 만드는 역할을 할 수 있지 않을까 생각합니다.

사실 제가 이 자리에 있지 않으면 생활문화에 대한 개념 규정을 할 필요도 없을 것이고, 그냥 일상에서 술 마시고 놀면 끝이죠. 하지만 이런 것을 조금 더 의미 있게, 일상을 좀 더 가치 있게, '특별한 일상'으로 만드는 역할을 하려고 이런 정의도 내려보는 것이거든요. 그래서 우리는 민초들의 미시적인 일상에 주목을 하고, 거기서 특별한 일상으로 의미 부여를 해서 다른 이웃과 공감할 수 있도록 만들어주는 역할이 필요합니다. 그게 생활문화 프로그램으로 나타날 수 있지 않을까 생각합니다. 그게 전통이든 그렇지 않든 간에….

생활문화는 동아리 지원 사업인가

오민영 한 가지 질문이 더 있습니다. 정책적으로 생활문화센터를 많이 건립하고 있는데 생활문화센터에서 하는 일들이 거의 동아리 활성화 사업이에요. 그게 진정으로 생활문화의 중심이라고 말하는 생활문화센터의 역할이 맞는지 궁금합니다.

정민룡 저도 그런 정책 사업은 본질에서 비껴간 것이라고 생각합니다. 아까 말과 언어라는 것도 천 가지 만 가지의 가치가 있는 것처럼 생활문화도 그러한데, 그중에서 동아리라는 한 가지 형식만 가지고 건물을 세우고 그럽니다. 한쪽에만 치우치고 있는 거죠. 그래서 저는 '이야기 센터'도 있어야 하고, 패션에 대한 센터도 있어야 하고, 먹는 것 가지고 활동하는 센터도 있어야 하고, 여러 기능을 할 수 있는 '센터들'이 많아야 한다고 생각하는데 지금은 동아리 활동 하나로만 정책 사업이 흘러가고 있는 게 아쉽죠.

오민영 지금 말씀하신 것처럼 생활문화센터가 다양하게 접근해야 하는데 너무 쉽게 한가지로만 가고 있다는 지적인 것이죠? 동아리활동 한가지로만….

205

정민룡　생활체육과 동일한 방식으로 가고 있어요. 생활체육은 체육이라는 양식이 이미 있잖아요. 그리고 그 사람들이 활동할 공간이 필요해서 생활체육 공간을 만들어주는 것인데 그것과 동일하게 가는 것 같습니다.

고영직　정책 사업을 설계하는 행정가들은 '태초에 행정이 있었다'라고 생각하는 경향이 있는 것 같아요. 왜 이런 주장을 하냐면, 행정가들이 생각할 때 먼저 생각하는 게 '가독성'이에요. 뭔가 '그림'이 그럴싸하게 그려지지 않으면 두려워하죠. 이 동네 인구수가 얼마고, 그 인구수에서 세금을 거두면 얼마고, 남자는 몇 명을 군대 보내고, 이런 게 읽히지 않으면 두려운 거죠. 이명박 정부 때 소고기 촛불시위의 배후가 누구냐고 찾았지 않아요? 예전에는 시위의 배후가 분명했지만, 요즘에는 유모차 끌고 나오는 주부가 '내가 배후다'고 주장하고, 여중생이 '내가 배후다'고 주장하잖아요? 정부 입장에서는 참으로 난감해지고 혼란스러워지는 거죠. 그래서 우리나라 정책 사업에서는 정책의 경로 다양성이 아니라 특정한 경로 의존성이 있을 수밖에 없다는 것을 고려할 필요가 있습니다.

아까 이동준 국장님께서 전문가 집단에 대해 비판하셨고, 저도 공감하는데요. 전문가의 도움이 아예 불필요하다는 게 아니라 과도하고 과잉되어 있다는 점을 비판하는 겁니다. 참여 주민들의 내발적인 활동이 일어나야 하는데 그것을 전문가가 앗아가는 부분이 있다는 거죠. 제 식으로 표현하자면 '자동사

206

(自動詞)'의 삶을 살아야 하는데 그렇지 못하고 타동사의 삶을 산다는 겁니다. 타동사의 상태로부터 자동사의 상태로 전환하는 게 생활문화에서 가장 중요한 부분이라고 생각합니다. '내가 걷다', '병이 낫다', 이런 자동사로써의 삶을 복원하는 것이야말로 생활문화가 추구하는 바라고 생각합니다. 그런 사람은 좀 더 자유롭지만 고독한 존재이고, 그런 사람들이 각자와 각자로 만나 한 사회의 커뮤니티를 구성하는 것이어야 한다고 봅니다.

최근 문화원 논의와 관련해 인상 깊게 읽은 책이 있습니다. 강원도 양양에 사시는 이옥남 할머니라는 분이 손주 도움으로 『아흔일곱 번의 봄여름가을겨울』(양철북, 2018)라는 농사 일기를 내셨습니다. 할아버지께서 먼저 돌아가시고 1987년부터 지금까지 30년 동안 글씨를 좀 예쁘게 쓰려고 일기를 쓰셨는데, 꽤 감명 깊게 읽었습니다. 절기에 따라 농사를 짓고, 농사를 지으면서 마을 사람들과 얽히고설킨 이야기들을 일기 형식으로 쓰신 겁니다. 할머니는 그냥 그때그때 생각나는 대로 쓰셨겠지만, 이야기를 편집해서 한 권의 책으로 묶어보니 우리 삶의 기록이 된 것입니다. 이옥남 할머니의 '무늬'가 행간에 묻어나고, 할머니가 했던 농사일이 정말 유의미하게 읽혔습니다. 아까 의정부 국장님이 말씀하신 게 그런 의미가 아닌가 생각했습니다. 또 하나 더 말씀드리면 지난해 강원문화재단 모니터링차 강원도 인제에 있는 원통에 간 적이 있습니다. 원통 지역 청소년들에게 가장 인기 있는 장소가 '엄지분식'이었어요. 저도 거기서 떡볶이를 먹었는데 이 집 아주머니가 참 독특한 사람이에요. 분식집에 드나드는 아이들 이름을 다 알아요. 비결을 물어봤더니 처음 보는 애들 이름을 벽에 적어놓고 다 외운다는 겁니다. 아이들이 카메라 들고 와서 그 떡볶이 집 주인을 인터뷰하고 책으로 만드는 작업을 하던데, 저는 문화원에서 하는 생활문화 사업에서 그런 이야기들을 발견하는 게 상당히 중요하다고 생각합니다.

'동아리당 500만 원씩 지원한다.' 이런 게 사업을 쉽게 풀어가기 위한 행정의 방식입니다. 한눈에 읽히는 가독성이 있는 셈이죠. 저는 여러 우려가 있지만 무엇보다도 추진체계를 잘 구성해서 운영해야 한다고 봅니다. 서울문화재단 생활예술 사업의 경우 가장 큰 문제가 추진 체계에서 잡음이 많았다는 것입니다. 민주적인 운영이 필요합니다. 생활예술매개자(FA)라는 이름으로 참여했던 사람들의 이야기를 들어보니 상처를 많이 받았다고 합니다. 비유적으로 말씀을 드리면 문화원에서 진행하는 생활문화 사업은 '의자'를 놓고 '평상'을 내놓는 일이어야 한다고 봅니다. 평상에서는 어느 누구도 어느 누구보다 높지 않고, 어느 누구도 어느 누구보다 낮지 않잖아요? 그런 수평적인 문화를 만들어내는 게 중요합니다. 물론 동아리 지원 위주로 흐르는 생활문화 정책 사업의 폐해는 굉장히 위험하다고 봐요.

KTX를 자주 이용하는데, 기차에 탄 승객들이 가장 먼저 하는 행동이 블라인드를 내리고, 제 손 안의 스마트폰만 들여다봅니다. 좀처럼 '바깥'을 보지 않아요. 문화원도 그렇고, 동아리도 그렇고, 대한민국에서 활동하는 모든 기관이나 단체나 개인이나 할 것 없이 좀처럼 자기 바깥을 보지 않는 게 가장 큰 문제입니다. 문화예술교육도 그런 혐의에서는 자유롭지 못합니다. 사람과 사람을 연결하고, 지역과 지역을 연결하며, 사람과 지역을 이어주는 게 가장 중요하죠. 그런 측면에서 동아리 활동을 잘하고 못하고를 떠나서 가장 큰 문제가 '자폐성'이라고 할 수 있어요. 전국에 수많은 생활문화 동아리가 있지만, 내가 사는 커뮤니티에서 의미 있는 작은 변화들을 꾀하고 있나요? 동아리마다 칸막이가 있잖아요? 바깥과 소통하지 못하고 서로 교류하지 못할 때 커뮤니티 내부가 붕괴되는 건 상식입니다.

그런 차원에서 경기도에서 생활문화 동아리에 얼마씩 지원한다는 건 무리가 있습니다. 문화원연합회의 목소리를 낼 필요가 있습니다. 또 우리가 '추구'해야 하는 삶은 무엇인지, 생활문화 활동을 통해 어떤 '인간'으로 바뀌어야 하는지도 사유하고 행동해야 합니다. 저는 국가의 힘, 자본의 힘으로부터 조금씩 자유로워지는 게 필요하다고 봐요. 조금은 다르게, 불편해도 스스로 뭔가를 해보는 것, 머리로 아는 지식이 아니라 몸으로 아는 지식들이 우리 삶 속에서 어떤 변화로 나타나는지 찾아보는 게 중요하지 않나 생각합니다. 다시 말해 '리듬'의 변화가 필요합니다. 한국 사회의 리듬이 너무 빠르잖아요. 각자의 리듬뿐만 아니라 여러 사람의 리듬을 바꾸는 것이 생활문화의 운동성이 되어야 하지 않을까 생각합니다.

생활문화와 공동체성의 가치

최영주   여러 측면에서 '생활문화는 이렇게 해야 한다'는 나름대로의 입장들을 말씀해주셨는데, 오늘 나온 말씀들을 좀 기칠게 정리하는 시간을 갖겠습니다. 먼저 평택 국장님께서 말씀하신 생활문화를 광의의 개념에서 생각해야 한다는 이야기는 그동안 문화원이 가지고 있던 질문과 통하는 것 같습니다. 이 질문에 대한 답으로 우리는 어떤 논리를 가져야 할까 생각하면서 정리를 해보면 좋을 것 같습니다. 그동안 문화원에서는 '생활문화 사업을 한다'라는 목적에 맞추어 활동했습니다만 다음 단계는 가지고 있지 않았거든요. 오늘 나온 내용들을 살펴보면, 생활문화는 동아리 사업도 포함한다, 지역민들에게 집중하는 것이 생활문화 사업이다, 지역의 의미를 다시 읽어내는 것이다, 지역성을 놓쳐서는 안 된다, 생활문화 사업에서 제일 중요한 점은 동네에 어떤 변화가 있었는가에 초점을 맞춰 그 점을 부각시켜내는 일이다, 이 정도로 정리를 할 수 있을 것 같은데, 혹시 더 추가할 얘기가 있다면 말씀해주시면 감사하겠습니다.

210   **이병권**   마지막에 언급하신 동네의 변화를 명시적으로 '공동체

성'이라고 표현할 수 있다고 생각합니다. 왜냐하면 저희가 지역에서 생활문화 사업을 하면서 들었던 이야기가 개인이 좋아서 하는 건데 왜 밥 주고, 강의 열어주고, 강사 불러주고… 그 사람들만 특혜 주는 것이 아니냐라는 것이었습니다. 그렇다면 우리 같은 경우에는 공익(公共)의 개념으로 접근해야 한다는 거죠. 문화원이라는 특수성을 생각하면 공동체성이 있어야 한다고 생각합니다. 그것도 역사에 연원을 둔 것인데, 문화원이 전통문화를 강조하는 이유 중 하나라고 생각합니다. 과거의 생활문화는 공동체문화였죠. 개인이 아닌 공동 협업을 통해 생존해야 했던 역사성이 있었으니까요. 그런 공동체성을 관계가 단절된 도시화된 공간에서 풀어가야 하며 문화원이 문제의식을 갖고 그 점에 주목해서 접근해야 한다고 생각합니다. 그런데 시청 공무원들은 예산을 받으려면 문화원의 목적사업을 하라고 합니다. 그게 '전통문화'라고 생각하는 거죠. 그렇기 때문에 생활문화 사업은 너희 사업 영역이 아니라고 얘기하죠. 아까 전문가 얘기를 하시는데 전문가들은 생활문화에서 정량적 평가를 동아리로 합니다. 그런 부분에서 너무 행정 편의적으로 흘러가는 것 같아 전문가들에 대해 비판적인 것이죠. 오늘날에도 문화지표가 정량화된 지표이고, 전문가들도 세미나에서는 정량적으로 판단하지 말자고 하면서 정작 행사 평가나 모니터링하면 행사에 몇 명 왔는지가 중요한 지표처럼 보입니다. 그런 것부터 깨야죠. 그래도 조금이나마 행정적 틀을 깬 것이 경기문화재단에서 진행한 '생활문화 플랫폼

211

사업'이었던 것 같습니다.

저희는 3년째 이 사업을 하고 있는데 처음에는 막연했지만 다른 공모 사업들과는 조금 다르다는 것을 느꼈습니다. 현장의 목소리를 듣고 반영하거든요. 그에 반해 지역문화진흥원이나 생활문화센터, 한국문화원연합회 사업은 거의 정량화 사업입니다. 저희가 3년 동안 생활문화 플랫폼 사업을 하면서 느낀 긍정적 요인 중 하나가 '탈(脫)전문화'인 것 같아요. 그전에는 국장이나 원장이 진두지휘했다면 지금은 현장 직원이나 지역 사람들이 문화원과 협조하여 직접 진행하고 있습니다. 그리고 관(官) 친화적인 동아리가 아닌 곳, 시에서 별도 지원을 받지 않고 있던 동아리들이 문화원과 협조 체제를 이뤄서 사업을 진행하고 있습니다. 그런 네트워크 발굴을 통해 문화원에서는 공동체성이라는 목적의식을 주고 있죠.

그리고 또 한 가지는 '탈문화원적'이라는 측면입니다. 문화원의 이미지를 깨는 사업인 거죠. 많은 사람들이 '이런 사업을 문화원에서도 하나요?'라고 질문해요. 문화원 같지 않다고 이야기합니다. 실례로 면 생리대를 만들어서 소외계층에 전달하기도 하고, 만들기 전에는 엄마와 딸이 같이 성교육을 받는 시간도 가졌습니다. 또 크로키를 해서 지역을 재발견하는 프로그램도 했었습니다. 본인이 그린 그림을 다른 사람들과 나누는 작업도 하고요. 이런 사업들이 사실 문화원에 맞지는 않잖아요.

부정적인 측면도 있어요. 생활문화를 하면 문화원에서 전문적

212

인 부분도 해줘야 되는 거 아니냐는 이야기죠. 그리고 다시 또 원점으로 돌아와 '전통문화라는 목적 사업을 해야지 문화원이 왜 그런 사업을 하느냐'라고 이야기합니다. 그런 고민들이 있었지만, 관 친화적이지 않지만 지역에서 나름대로 문화 활동을 하려는 사람들을 지원하는 역할을 문화원이 했습니다. 단순히 동아리 지원 사업을 하더라도 몇 개 동아리를 추천하는 정도가 아니라 문화재단처럼 생활문화의 기반 역할을 문화원도 해야 한다고 생각합니다.

최영주 생활문화 플랫폼 사업을 문화원에서 진행하면서 여러 실험도 해보고, 의미 있는 성과들을 만들어내는 것 같습니다.

오민영 생활문화의 확산을 이야기하는 데 실질적으로 문화원이 저해하고 있다는 부분에서 한 가지 변명을 하자면 행정기관에서는 항상 성과를 바라잖아요. 그리고 그 성과를 정성적으로 평가하지 않고, 정량적으로 평가하지요. 그러기 때문에 정량적인 결과가 나오는 사업 위주로 할 수밖에 없고, 정성적인 사업계획을 제출하면 지원조차 안 나옵니다. 그렇기 때문에 눈에 보이는 사업을 할 수밖에 없고, 문화원이 사업의 확장성 없이 일한다는 비판을 받지 않나 생각합니다.

최영주 정량적인 사업이 내려와도 잘 피해가는 노하우들이 있을 것 같은데 얘기 좀 해주시죠.

이동준 몇 가지 덧붙이자면 생활문화와 관련해서 우리가 '포스트(post)'나 '탈(脫)'이라는 말을 많이 씁니다. 제일 중요한 것이 '탈중앙화', '탈전문가화' 이런 부분들이 필요할 것 같아요. 왜냐하면 이런 개념들이 '지역화'로 가는 방향에 있기 때문입니다. 생활문화와 관련해서 제가 지역성, 일상성, 자발성을 이야기했지만, 한 가지 더 붙이자면 '공동체성'을 들 수 있을 것 같아요. 시흥 국장님이 말씀하신 대로 서구 사상의 한계는 주체를 개인으로만 설정한 것인데 적어도 우리는 서구와 다른 사상적 전통인 공동체성 속에서 우리 자신을 찾을 수 있을 것 같습니다. '태초에 행정이 있었다'라고 생각하는 행정가들에 대해 얘기하셨는데 우리 역시도 행정적 마인드를 가지면 육화가 되지 않거든요. 그래서 우리가 얼마나 보편성의 유혹에 저항하느냐가 중요한 것 같습니다. 지역문화진흥원의 주요 사업은 지역문화 전문 인력을 양성하는 것, 생활문화센터, 생활문화 동아리, 기타 생활문화 관련 사업 이 네 가지인데, 이것이 항상 '위에서 아래로' 내려가는 톱다운(top-down) 식이거든요. 지역문화 전문 인력을 양성하는 시스템도 중앙 중심이다 보니까 지역의 요구와 맞지 않아요. 동아리도 마찬가지입니다.

214

핵심은 주체이죠. 주체를 개인 단위로 분절시키는 것이 아니라 지역성 속에서 고민하는 주민을 세워야 하는데, 방조하듯이 '너희들끼리 동아리 세워라'식이기 때문에 한계가 있습니다. 보통 사람들의 일상의 위대함을 찾아주는 일은 무한합니다. 무한한 세계를 보여줄 필요가 있고, '이처럼 세상을 사랑하사'라는 말 대신에 '이처럼 지역을 사랑하사'로 바꿔서 너도 나도 보편의 길로 가지만 우리는 지역화의 길로 가야 하는 것이 아닐까 생각합니다.

최영주　그동안 지역문화원이 가지고 있는 거시적인 생각들, 다시 말해 국가 단위로 생각하고, 민족을 생각하고, 세계화를 생각하는데 익숙해져 왔다면, 이제는 국가가 아닌 지역, 지역이 아닌 사람, 미시적으로 접근해서 나오는 것들에 집중하는 것으로 사업의 전환이 이루어져야 하지 않을까 생각했습니다. 국장님들 중에서 특별히 '외도'를 했다가 복귀한 분이 계세요. 외부에서 문화원을 보셨기 때문에 훨씬 더 객관적으로 문화원에 대해 말씀해주실 것 같은데 파주 국장님 말씀 부탁드립니다.

서교송　외부에서 본 문화원은 정말로 좋은 곳이었습니다. 직장 생활이 그리워서가 아니라 내부에서 볼 때는 여러 제한된 한계 속에서 문화 사업들을 해가고 있지만, 외부에서 보면 아주 좋은 환경 속에서 자신의 뜻을 펼치며 활동할 수 있는 곳이라

215

는 생각이 들었습니다. 생활문화와 관련해서 오늘 많이 생각해 볼거리들을 주셨는데 민초, 민중의 문화를 말씀하셨잖아요. 제 생각에는 문화원에서 문화 강좌를 들으시는 분들도 저는 민초라고 생각해요. 지역마다 다르겠지만 문화원에서 문화 활동하시는 분들은 월 1만 5000원 내시는데, 이 분들은 백화점 문화센터에 가기 어려운 분들입니다. 본인들이 자발적으로 오시고, 활동에 만족해하고, 즐거워하세요.

제가 얼마 전에 불꽃축제 프로그램을 진행했었습니다. 사실 하고 싶지는 않았지만 어찌어찌해서 하게 되었는데 사람들이 너무 좋아하기도 했고, 많은 사람들이 참여하기도 했습니다. 사실 불꽃축제가 돈은 많이 들어가고 환경적으로 좋지도 않고, 프로그램이 특별하지도 않잖아요. 그런데 2만여 명이 와서 즐거워했어요. 그렇다면 우리는 그것을 어떻게 봐야 하나. 참가하는 분들이 주체성도 없었는데 그것이 과연 잘못된 것인가 고민이 필요한 거 같고요. 문화원이 현 상황에서 먼저 앞으로 나가는 것은 쉽지 않은 것 같고, 오히려 뒤늦게 가더라도 지켜가야 할 부분들, 지역의 시민이나 주민들이 보다 많은 문화 활동을 느낄 수 있게 하면 어떨까 긍정적인 측면에서 생각을 좀 해봤습니다. 처장님께서 말씀하신 동아리에게 지원하는 부분 등을 포함해서 생활문화 관련 사업을 문화원에서 결정할 수 있다면 문화원은 시민들과 근거리에 있다는 장점이 있기 때문에 주민들 스스로 결정할 수 있는 '플랫폼' 역할을 충분히 할 수 있지 않을까 생각해봤습니다.

216

최영주　파주 국장님의 말씀처럼 기존의 사업을 전면적으로 배제하자는 뜻은 아닙니다. 문화원이 놓치고 있는 부분을 생각하자는 개념으로 사업을 바라봐야 하지 않을까 생각합니다. 올해 문체부에서 〈문화비전2030〉이라는 비전을 발표했습니다. 그곳에 지방문화원은 어디에 있을까 찾아봤지만 없었습니다. 문화체육관광부에서 공식적으로 발표한 비전에 지방문화원을 염두에 둔 정책이 없다는 것입니다. 때문에 경기도문화원연합회에서는 2019년에 '문화원비전2030'을 준비해보려고 합니다. '지방문화원이 위기다'는 얘기를 많이 듣습니다. 나름의 솔루션도 제시됩니다. 다 옳고 지당한 말씀입니다. 다만 그것이 개별 문화원 차원에서 제기되는 문제들이라 경중을 가려 순서를 정하는 일을 합의하고 조정하는 장(場)을 만들어야 하는데 연합회에서 그것을 해야 한다는 것이 고민의 결과입니다. 지방문화원이 산적한 법과 제도의 문제, 사업의 확장성 문제 등 당면한 문제를 어떻게 해결할 것인가에 대한 솔루션을 지방문화원 원장님들을 중심으로, 또 국장님들과 다시 논의할 예정입니다. 여기서 나온 논의를 바탕으로 연말에 하는 합동 연수에서 비전 선포식을 제대로 해보자는 구상입니다. 원장님, 국장님, 직원들이 함께 고민하는 문화원의 발전 방향이 나왔으면 합니다. 그럼 여기서 집담회를 마치도록 하겠습니다. 고생하셨습니다.

개인 여가에서
사회적 여가로

정민룡 광주 북구문화의집 관장

'공공의 거실, 문화 거실'을 제안하며

여가의 사회성, 사회적 여가

얼마 전 필자는 한국문화예술교육진흥원에서 진행한 포럼에서 줄곧 사회적 여가의 중요성을 강조하였다. 포럼에서 일반적인 여가 개념을 "남는 시간에 대한 최소한의 자유 시간 활용이며, 주로 개인의 자유로운 선택에 의해 다양한 소비생활을 즐기는 것"으로 보았다. 하지만 이러한 시민의 문화 기본권으로서 개인 여가도 중요하지만, 동시에 그동안 주목하지 않았던 여가의 사회성, 공동체성에도 주목해야 한다고 말했다.

이제는 이러한 개인주의 중심의 여가 문화를 사회적 여가로 전환시켜주는 적극적인 매개 활동이 필요하다. 문화예술교육이 이를 가능

218

하게 할 수 있다. 단순히 주 52시간에 대응하는 여가 문화 확산, '일과 여가의 균형'과 같은 노동 중심의 관점에서 벗어날 필요가 있다. 이제는 사회문화적 관점에서 여가 문화의 커뮤니티적 성격이 잘 드러나는 활동을 강조하는 방향으로의 변화가 필요하다. (정민룡, 「문화예술교육, 개인 여가에서 사회적 여가를 위해」, 한국문화예술교육진흥원 주최 포럼 〈워라밸 시대, 문화예술교육을 말하다〉 중에서)

필자가 말하는 '사회적 여가'는 단순히 여가 시간을 지역사회 자원봉사 활동과 같은 사회적 기여 활동으로 보낸다는 의미가 아니다. 물론 그렇다고 해서 소비적이고 개인적인 소비문화의 여가를 말하는 것도 아니다. 문화민주주의적인 관점에서 자발적이고 주도적인 문화 활동이 그룹 또는 최소 공동체 단위로 이루어지는 것을 말한다.

소비적인 여가 문화를 배격하고 건전한 여가 문화 창달(?)을 위해

필자가 사회적 여가의 필요성을 강조한다고 해서 개인적인 여가 문화가 이에 비해 덜 중요하다고 생각하는 것은 아니다. 소제목의 표현처럼 여가 생활을 하기 위해 일정한 비용을 쓴다고 해서 개인 여가를 '소비적인 여가 문화'로 폄하하거나, 그렇다고 사회적 여가를 '건전한 여가 문화 창달'과 같은 계몽 캠페인쯤으로 여겨서는 안 된다. 개인적인 여가와 대립되는 개념으로 사회

광주 운암동 아파트 풍경

220

3부 생활문화, 지방문화원은 어떻게 접근하고 있는가, 해야 하는가

적 여가를 말하는 것이 아니다. 개인적인 여가로 출발하여 개개인의 문화 활동이 공유되고 공감대를 형성함으로써 커뮤니티성, 관계성이 강조되는 '사회적 여가'로 수렴해나간다는 의미이다.

사회적 여가는 막연한 당위성에 의지하거나 목적의식이 뚜렷하다고 실현되는 것은 아니다. 문화 향유에 대한 개인적 동기와 문화적 욕구로부터 출발(기반)하여, 개인적 여가 생활을 즐기는 과정에서 자연스럽게 사회적 관계가 형성된다. 나아가 보다 가치 있는 사회문화 활동으로 진화하는 과정에서 자연스럽게 발현되는 것이다. 이는 마치 개인의 울림이 '파동'을 형성하고, '문화적 공기'라는 매개 물질을 타고 다른 사람에게로 넓게 퍼져나가는 '공명(共鳴)의 원리'와 비슷하다.

이렇게 개별적으로 즐기는 여가 문화가 공유지로 나오게 됨으로써 질적으로 전혀 다른 특질을 갖게 되고 사회적으로 유의미한 여가 문화가 형성된다. 따라서 개인적 여가가 사회적 여가로 전환되기 위해서는 매개 활동, 매개 주체, 매개 장소가 중요하다. 그러기 위해서는 개인들의 여가 문화가 공유되고 공감되는 '공유지'를 마련할 필요가 있다. 그런 의미에서 필자는 사회적 여가를 위한 공유지로서 '공공의 거실, 문화 거실' 개념을 새롭게 제안하고자 한다.

광주 중흥동 골목 풍경

3부 생활문화, 지방문화원은 어떻게 접근하고 있는가, 해야 하는가

'공공의 거실, 문화 거실'

  '공공의 거실'이라는 용어는 개인의 사적 공간인 '거실'을 모티프로 야외의 공공장소에 설치한 스위스의 공공디자인 작품[1]에서 차용했다. '공공의 거실'은 스트리트 퍼니처(street furniture)[2]와 비슷한 맥락의 개념이다. 필자는 '공공의 거실'이라는 개념이 미래의 라이프스타일 변화를 반영하고 있다고 생각한다. 주거에 있어서도 개인이 각자 집을 '소유'한다는 개념에서 '사는(living)' 개념으로 주거 문화가 변화하면서 개인 공간은 최소화하고, 사회적 공공디자인들이 늘어나고 도시의 '공공' 장소는 중요해진다는 의미이다. 마치 일본의 '마을호텔'처럼 마을의 식당이 각자의 식당이 되고, 공원이 정원이 되며, 가로등이 거실 샹들리에 조명이 되며, 도심 광장이 라운지 혹은 거실이 되는 것과 같다.

  공공 거실의 의미는 개인적인 여가 생활이 공공의 장에서 펼쳐진다고 했을 때 벌어질 수 있는 일들을 상상하게 해준다. 이것이 사회적 여가다. 이러한 '공공의 거실'을 생활문화 공간에 적용한다면 주민들이 모여 생활문화, 여가를 즐기는 장소인 '문화 거실'이라는 의미로 구현될 수 있다. 문화 거실에서 개인의 취미

---

1   스위스 장크트 갈렌(St. Gallen)의 야외 공간에 설치된 공공디자인 작품. 카를로스 마르테니스 (Car los Martinez)가 피필로피 리스트(Pipilotti Rist)와 공동으로 디자인한 것으로 장크트 갈렌 시와 스위스 라이파이젠은행 연합(SVRB, Schweizer Verbandes der Raiffeisen-banken)이 협력한 디자인 공모전에 출품한 작품이다.
2   거리 시설물, 도심 구조물을 집 안의 가구나 예술품처럼 장식하는 디자인 기법.

스위스 장크트 갈렌(St. Gallen)의 야외 공간에 설치된 공공디자인 작품 '도시라운지
(Stadtlounge)' (출처 : http://www.magnusmundi.com)

3부 생활문화, 지방문화원은 어떻게 접근하고 있는가, 해야 하는가

가 모여 하나의 공유된 새로운 문화적 취향(라이프스타일)을 형성한다. 단순히 '취미' 동아리로 국한되는 것이 아니라 취향을 나누는 '취향공동체'[3]의 성격으로 발전한다. 결국 개인의 라이프스타일이 문화 사랑방과 같은 '문화 거실'에서 모여 새로운 라이프스타일을 창조해내는 것이다.

'문화 거실'은 개개인의 라이프스타일의 폐쇄성을 넘어 질적으로 전혀 다른 새로운 공공의 라이프스타일을 창출하는 장소이다. '문화 거실'이라는 장소를 매개로 하여 개인 차원의 '취미'를 넘어 사회적으로 공유되는 '취향공동체'로 발전할 수 있다. 쉽게 말하자면 집 안에서 혹은 개인적으로 행해지고 있는 일들을 그대로 공공의 장으로 옮겨오면 된다.

예를 들어 집 안의 서재는 공공의 거실에서 작은 마을도서관으로 연출되며 이곳에서는 혼자 즐겼던 독서의 재미를 함께 읽

---

3 "취미와 취향은 비슷한 의미로 쓰인다. 굳이 이를 구분하자면 사전적인 의미로 볼 때 취향은 '하고 싶은 마음이나 욕구가 기우는 방향', 취미는 '즐기면서 하는 일'을 말한다. 취향은 문화 향유의 방향성을 나타내고, 취미는 취향을 바탕으로 한 구체적인 활동을 말한다. 즉 취향이 끌림이라면, 취미는 이를 범주화하고 양식화하는 것을 말한다. 취향이 취미보다 더 포괄적인 개념이다. 예를 들자면 술을 음미하고 만나서 사람을 좋아하는 취향이 와이너리 취미, 소믈리에 취미로 연결되고 분화될 수 있다. 또는 장난감을 조립하거나 만드는 취향이 무선조종자동차 제작 취미로 또는 3D프린터 취미로 연결된다. 소리의 조화와 드라마틱한 것에 대한 취향이 음악 감상 취미로 연결될 수도 있고, 영화 감상 취미를 가질 수도 있다. 취향이 비슷하더라도 각자의 취미는 다를 수밖에 없다. 이런 측면에서 취미 동아리와 같은 경우 취미로 즐기는 어떤 구체적인 일이 목적이 될 수는 있지만, 취향과 같이 비슷한 문화를 즐기면서 서로 영향을 끼치며 상호작용을 할 수 있는 공동체로 발전하기는 어려운 특성을 갖고 있다. 취미는 개인적인데 반해, 취향은 커뮤니티와 연결될 수 있으며, 공동체성이 좀 더 강하다. 그리고 취미는 취향에 비해 시대 트렌드에 따라 또는 개인의 상황에 따라 금세 변한다."

225

고 놀면서 책을 읽는 감동과 여운을 나누는 사색의 재미가 배가 된다. '소리 내어 읽는 즐거움', '동화 읽는 어른이 되어보는 성취감', '책과 풍경이 만나는 여행의 즐거움', '간서치가 나와 책을 경매하고 나누는 즐거움' 등 책과 씨름하고 사색하는 책 여가를 즐긴다. 이렇게 '책'이라는 하나의 취향을 가지고 다양하게 생활문화를 즐기는 사람들이 모여 '문화 거실'의 한쪽을 구성한다.

공공 거실의 정원은 동네 텃밭이 된다. 집에서 키우는 베란다 텃밭이 집 안에서 공공의 장소로 나온다면 그림은 달라진다. 작은 비닐하우스를 만들고 텃밭 경작에 필요한 농사 장비들을 진열한다. 하우스 안과 밖에서는 모종을 컵에 심어서 가져가는 체험이 이루어지고, 아이들은 흙 놀이를 즐긴다. 한쪽에서 가드닝(gardening)에 관심 있는 사람들이 모여 소셜 가드닝, 게릴라 가드닝을 즐긴다. 또 주말 텃밭에서 경작한 푸성귀들을 파는 공공의 야채가게가 차려진다. 경작자의 이름이 새겨진 상자에서 자란 푸성귀는 불티나게 거래된다.

이외에도 집 안의 부엌이 밖으로 나온다면 공공의 부엌, 소셜 다이닝이 펼쳐진다. 자신만의 레시피를 경연하기도 하고, 함께 공동의 식탁을 만들어 음식을 나누어 먹기도 한다. 술을 빚기도 하고, 가양주를 판매하기도 하며, 음식과 더불어 시음 행사 등등 공공의 부엌이자 식탁에서 버스킹이 펼쳐지고 공공의 거실에서 파티를 즐기게 된다. 음악감상실, 가족이 모여 즐기는 하우스 콘서트, 공공의 테일러 숍, 공공의 작업장 등이 '공공의 거실, 문화 거실'에서 펼쳐진다면 개인 여가는 사회적 여가로 전환될 수 있

226

을 것이다.

개개인들의 여가 문화는 집 밖으로 나와 생활문화 프로그램을 매개로 '공공의 거실, 문화거실'이라는 공유지에서 새로운 의미의 사회문화적 관계망을 만들어낼 것이다. 이러한 프로세스를 거치면서 개인의 여가는 커뮤니티성(性)을 띠게 되고 비로소 사회적 여가로 전환되는 것이다. 개인들의 라이프스타일이 공유지에서 공유됨으로써 전환의 삶을 경험하게 되며, 지속가능한 삶, 보다 나은 사회적 가치를 지향하는 방향으로 수렴된다. 즉 사회적 여가의 영향이 사회적 자본으로 축적된다.

'공공의 거실, 문화 거실'이 개인 여가를 사회적 여가로 전환시키는 핵심 장소라고 한다면, 사람들을 연결시키고 개인적 활동을 사회문화적으로 유의미하게 만드는 매개 인력은 생활문화 코디네이터가 되어야 한다. 그리고 공간과 사람, 활동 사이를 연결하는 매개 프로그램으로써 사회적 여가 프로그램, 생활문화 프로그램이 필요하다.

이렇게 사회적 여가를 위한 매개 공간과 매개 인력, 매개 프로그램을 준비하고 적용될 수 있는 생활문화 정책을 수립해야 한다. 문화의집/문화원과 같은 지역문화 공간을 사회적 여가를 위한 '문화 거실'로 거듭날 수 있도록 지원해야 한다. 아울러 생활문화 코디네이터를 양성하는 재교육 프로그램 그리고 단순 취미 동아리 활동의 한계를 넘어 보다 넓은 의미의 '취향공동체'를 통해 사회적 여가를 실현해야 한다.

개인 여가에서 사회적 여가로

※ 이 글은 문체부가 주최하고, 한국광역문화재단연합회와 (사)한국문화의집협회가 주관해 2018년 11월 20일 서울 코워킹스페이스 '1stHQ'에서 열린 〈2018 지역문화공간 정책포럼 - 생활문화로 답하다〉에서 발표한 원고로, 필자의 허락을 구해 재수록한다. 〈편집자 주〉

3부 생활문화, 지방문화원은 어떻게 접근하고 있는가, 해야 하는가

'거실혁명'은 가능하다

· · · · · · · · ·
고영직 문학평론가
2018 경기문화저널 편집장

지난 11월 20일 서울 코워킹스페이스 '1stHQ'에서 열린 한 포럼에서 흥미 있는 주장이 제기되었다. 정민룡 광주북구문화의집 관장이 '개인 여가'라는 말 대신에 '사회적 여가'라는 개념을 제안한 것이다. 개인의 취미 활동을 넘어 일종의 취향공동체로서 '공공의 거실, 문화 거실'을 상상하며 내가 사는 지역에서 직접 활동하자는 것이다. 문화체육관광부가 주최하고, 한국광역문화재단연합회와 ㈜한국문화의집협회가 주관한 이날 〈2018 지역 문화공간 정책포럼—생활문화로 답하다〉에는 '사회적 여가'라는 주제 외에도 지난 9월 서울 은평구 구산동 도서관마을을 방문한 문재인 대통령이 사회문화 정책으로 제시한 '생활 사회간접자본(SOC)' 사업에 관한 의제가 함께 논의되었다.

대한민국 사람들은 누구나 '시간 빈곤층'이다. 사회학자 김영

229

선은 『누가 김부장을 죽였나』(한빛비즈, 2018)에서 시간 빈곤층이라는 말 대신에 '시간마름병' 환자에 비유했다. 19세기 아일랜드 대기근의 한 원인이 된 감자마름병에 빗대어 사회적 질병으로 은유한 것이다. 어느 시인이 "푸어라는 어종이 인간 생태계를 위협하고 있다"(공광규)고 쓴 것처럼, 각종 푸어(poor)들의 목록에 타임푸어(Time Poor)라는 말을 넣는 것도 어색하지 않다. 그렇듯 우리의 일과 삶은 철저히 분리되어 있고, 주 52시간 근무 시대가 도래했다고 하시만, 법이 어떻게 바뀌어도 스스로 야근하며 '과로노동', '과로죽음'하는 자발적 착취의 굴레에서 벗어나지 못한다. 이른바 '저녁이 있는 삶'은 저 먼 곳에 있는 남의 나라 일로 치부되는 사회에서 '삶이 있는 저녁'으로의 전환은 너무나 과분하다.

이 점에서 정민룡 관장이 제안한 '사회적 여가'라는 개념과 활동은 새로운 주장은 아니지만 신선한 맛이 없지 않다. 개인적인 여가로 출발하여 개개인의 문화 활동이 공유되고 공감대를 형성함으로써 커뮤니티성과 관계성을 강조하자는 것이다. 단순히 취미 동아리로 국한되는 것이 아니라, 취향을 나누는 취향공동체의 성격으로 진화해가자는 주장인 것이다. 예를 들어 혼자 즐겼던 독서의 재미를 문화의집 같은 '공공의 거실'에서 함께 읽으며 작은 마을도서관을 연출하는가 하면, 일본의 '마을호텔'처럼 마을의 식당이 각자의 식당이 되는 것을 상상하며 함께 활동하자는 것이다. 이러한 주장에 대한 우려의 목소리 또한 엄존한다. 사회적 여가 개념이 자유로운 개인의 의사를 존중하지 못하고,

보론

공동체성을 표 나게 강조하는 것 아니냐는 것이다. 이날 포럼에서 추미경 '문화다움' 대표가 취지에 공감하면서도 "자칫 '개인'을 존중하지 않는 전체적 사고로 이어지는 것은 아닌가?"라며 우려의 목소리를 낸 것은 좋은 예가 된다.

나는 이러한 우려는 충분히 경청할 만하다고 생각한다. 사회적 여가라는 개념과 활동이 이러한 우려의 목소리를 간과하지 않으면서 '각자'와 '각자'를 서로 연결하며 좋은 삶과 좋은 사회를 위한 일종의 '거실혁명(livingroom revolution)'이 되어야 한다고 나는 생각한다. 우리의 삶을 전환하고, 지금의 소비 위주 문명의 전환을 위해서도 필요하다. 거실혁명이란 말은 미국 커뮤니티 활동가로 일하는 세실 앤드루스(Cecile Andrews)가 처음 제안한 말이다. 그는 자신의 거실을 외부에 개방하고 이웃들과 함께 웃고 떠들며 작당(作黨)하라고 권유한다. 독서 동아리 같은 자발적 소모임을 직접 운영하라고 재촉한다. 그런 유쾌한 작당이야말로 나를 바꾸고, 사회를 바꿀 수 있는 중요한 연결 고리가 될 수 있다는 것이다. 세실 앤드루스는 그런 커뮤니티 활동을 하는 사람은 일종의 '맨발의 교사'가 되어야 한다고 말한다.

나는 '단순하고 소박한 삶'이야말로 나와 당신 삶의 대안이 되어야 한다고 생각한다. 그러나 지금 여기 대한민국에서 그런 단순하고 소박한 삶을 살기란 그렇게 간단하지 않다. 한국의 임금노동자 중 시간 빈곤층이 42%인 930만 명으로 추정되고, 하루 평균 여가 시간이 2시간도 채 되지 않는 사람들이 넘쳐난다. 이런 사회는 분명 좋은 사회는 아니다. 독일 작가 미하엘 엔데

(Michael Ende)의 『모모』에 나오는 '시간 도둑'들이 지배하는 식민지가 대한민국이라고 할 수 있다. 그러나, 우리 삶에는 일-사랑-놀이가 적절한 균형을 이루어야 한다. 정민룡 관장이 제안한 사회적 여가라는 개념과 활동은 그런 문화 사회로 가는 작은 이정표가 될 수 있다. 그러려면 '시간의 민주화'를 위한 사유와 실천이 필요하다. 나를 위한 시간을 위하여, 우리 모두의 행복한 시간을 위하여.

보론